SED

12

GEORG C. BERTSCH
ERNST HEDLER
MATTHIAS DIETZ

SED

SCHÖNES EINHEITS DESIGN

STUNNING EASTERN DESIGN

SAVOIR EVITER LE DESIGN

TASCHEN

Umschlagvorderseite/Front Cover/Couverture (Photo: H.M.Sewcz)
Schaufensterdekoration in Ost-Berlin/Window display in East-Berlin
Décoration d'une vitrine à Berlin-Est

Frontispiz/Frontispiece/Frontispice
Emblem der SED/Emblem of the SED/Emblème du SED

P.6
»Rotkäppchen« Sekt/Sparkling wine »Little Red Ridinghood«
Mousseux «Petit Chaperon Rouge»

Danksagung/Acknowledgements/Remerciements
Annette Bertsch, Frankfurt/M.
Matthias Golla, Frankfurt/M.
Margarethe und Christian Habernoll, Dreieich-Götzenhain
Jörg Hannemann, Berlin (Ost)
Christiane Heering-Labonté, Düsseldorf
Hans-Martin Sewcz, Berlin
Konrad und Vera Stutz-Bischitzky, Berlin

Besonderer Dank gilt Matthias Dietz, Dietz Design Management GmbH,
Frankfurt/M., Initiator und Namensgeber der »SED – Schönes Einheits-Design« - Ausstellung in
der Galerie Habernoll in Dreieich bei Frankfurt/M., für seine großzügige und
engagierte Unterstützung des vorliegenden Buches.
Special thanks go to Matthias Dietz, Dietz Design Management GmbH, Frankfurt am Main, initiator and designator of the »SED – Schönes Einheits-Design« exhibition at
the Habernoll Gallery, Dreieich, on 27 August 1989, for his generous and
committed support of this book.
Nous remercions en particulier Matthias Dietz, Dietz Design Management GmbH
Francfort-sur-le-Main, initiateur et désignateur de l'exposition «SED – Schönes Einheits-
Design» dans la galerie Habernoll à Dreieich le 27 août 1989, pour son aide
généreuse et son engagement dans la réalisation de ce livre.

Fotos von Hans-Martin Sewcz auf den Seiten:
Photos by Hans-Martin Sewcz on pages:
Photos de Hans-Martin Sewcz aux pages:
10/11, 14, 16, 34/35, 44/45, 46/47, 110/111, 122/123

Originalausgabe
© 1990 Benedikt Taschen Verlag GmbH
Hohenzollernring 53, 5000 Köln 1
Redaktion und Produktion: Gaby Falk, Köln
Umschlaggestaltung und Layout: Peter Feierabend, Berlin
Fotos: Ernst Hedler, Selb
Text: Georg C. Bertsch, Frankfurt/M.
Traduction française: Catherine Fleming, Mönchengladbach
English translation: John Rayner, Köln
Korrekturen: Uli Höffer, Köln
Vera Stutz-Bischitzky, Berlin; Michael Hulse, Köln
Marie-Anne Trémeau-Böhm, Köln
Satz: Utesch Satztechnik GmbH, Hamburg
Druck: Druckerei Uhl, Radolfzell
Printed in Germany
ISBN 3-8228-0403-7

Inhalt

Contents

Sommaire

»Wir haben die Freiheit geschenkt bekommen. Sie haben sie selber erstritten.«[1]

"We received freedom as a gift. You had to fight for it."[1]

»Nous avons reçu la liberté en cadeau. Ils ont dû se battre pour l'obtenir.«[1]

Galapagos-Inseln des Designs?

The Galapagos Islands of the Design World?

Les îles Galápagos du design?

Die DDR steht seit dem 9. November 1989 am Beginn einer neuen Ära. Und sie ist vielleicht sogar an dem Punkt angelangt, ihre Eigenart zu verlieren.

Am Morgen nach der Revolution klingelt der Wecker noch blechern wie zuvor, ist der Elektro-Rasierer »bebo-sher« vom VEB (Volkseigener Betrieb) Bergmann Borsig kratzig und der brüchige Mülleimereinsatzbeutel (Abb. S. 149) vom VEB Vereinigte Zellstoff- und Papierfabriken Merseburg durchgeweicht wie eh und je.

Auf dem frühmorgendlichen Weg zum VEB Elmo Eggesin, einer Elektrofirma, wird den Arbeiter in seinem klapprigen und stinkenden Trabant (Abb. S. 34/35) auch in den frühen 90er Jahren noch kein wesentlich bunteres Straßenbild grüßen.

Selbst wenn die Volkseigenen Betriebe tatsächlich dem Wohle des Volkes zu dienen beginnen, werden sich Lebensstandard und Qualität der einheimischen Güter nur zögernd und mit Mühe verbessern.

Die Veränderung auch in der Produktgestaltung steht jedoch unabwendbar bevor, aber sie wird viel langsamer vonstatten gehen als manch anderer Prozeß.

Die DDR hat durch die staatliche Politik der Abschottung des Konsumgütermarktes Fossilien dessen bewahrt, was auch in der BRD vor zwanzig, dreißig Jahren in einer von Marketing und raffinierter Allroundwerbung noch weniger regierten Zeit noch recht und billig war.

Sie hat aber auch ein ganz spezifisches, sehr schlichtes Konsumgüter- und Grafikdesign entwickelt (wie man bei einem schnellen Blick durch den Bildteil dieses Buches feststellen mag). Höchste Zeit also, im Schweinsgalopp eine Archäologie der Warenwelt zu erstellen, bevor im Sog des Umsturzes alles Eigene von Westgütern zugestellt, von DC-Fix verklebt und mit Alf-Postern überhängt sein wird.

Since 9th November 1989, a new era has been dawning for the German Democratic Republic – an era that may cost the country much of its distinctive character.

On the morning after the revolution the bell on the alarm clock sounds just as tinny, the Bergmann Borsig electric shaver "bebo-sher" is just as scratchy and the flimsy binliners from the VEB (nationally owned firm) state-run Merseburg cellulose and paper factory (p. 149) are just as soggy as ever before.

Even as he enters the nineties, the early-morning worker driving to the state-run electronics firm Elmo Eggesin in his rickety and smelly Trabant (p. 34/35) will not find the urban surroundings any more welcoming or colourful.

Even if the state-owned industries do start serving the public good, the improvement in living standards and in the quality of domestically manufactured everyday items will be slow and arduous.

However, the transformation in product design is inevitable, even if the process is likely to be slower than elsewhere.

Thanks to its policy of protecting the domestic consumer goods market from foreign competition, East Germany has unwittingly preserved fossils of articles which, twenty to thirty years ago, were near and dear to us – in an era when marketing and sophisticated advertising were less important.

The GDR has developed a no-frills graphic and consumer product design all of its own, as the reader may discover for himself by glancing through the illustrations of this book. High time then to embark upon a lightning archaeological excursion into the world of consumer goods before this distinctive quality is submerged beneath the tide of Western goods and papered over with Alf posters.

La RDA se trouve à l'aube d'une ère nouvelle depuis le 9 novembre 1989. Et pourtant, elle est peut-être déjà sur le point de perdre sa spécificité.

Au lendemain de la révolution, le réveil sonne encore avec un bruit de ferraille, comme avant, le rasoir électrique »bebo-sher« de la VEB (entreprise industrielle nationalisée) Bergmann Borsig gratte autant que d'habitude et le sac-poubelle peu résistant de la VEB Merseburg (ill. p. 149) est toujours aussi ramolli.

Lorsque de grand matin, l'ouvrier prendra le chemin de la VEB au volant de sa Trabant (ill. p. 34/35) cahotante et empestant l'atmosphère, il ne traversera pas des rues beaucoup plus accueillantes au début des années 90.

Même si les VEB commencent effectivement à servir la cause du peuple, le niveau de vie et la qualité des marchandises ne s'amélioreront que pas à pas.

Le changement qui affectera aussi le design des produits, est toutefois inévitable, mais il sera beaucoup plus laborieux que bien d'autres processus.

Par sa politique d'Etat qui protégeait le marché des biens de consommation, la RDA a conservé des fossiles de ce qui était aussi la norme en RFA il y a vingt ou trente ans, à une époque qui n'était pas encore entièrement régie par le marketing et la publicité omniprésente.

Elle a cependant développé un design propre aux biens de consommation et aux arts graphiques qui est très spécifique et très simple (comme on peut le constater en jetant un coup d'œil rapide sur la partie illustrée de cet ouvrage). Il est toutefois grand temps de constituer une archéologie du monde des marchandises avant que, dans le tourbillon du bouleversement, tous ces produits soient engloutis par les biens de consommation occidentaux.

Schönes Einheits-Design

»Daß die Parteispitze nur Waren aus dem Westen bezog und unser Land dabei vollständig umging, das war keinem klar«[2], mußte der neue SED-Vorsitzende Gregor Gysi am 8. 12. 1989 einem ZDF-Korrespondenten gestehen.

Die SED wußte, was sie tat, und sie wußte es auch zu begründen. Ab 1953, als sie ihre Legitimation gegenüber der Bevölkerung mit der Niederschlagung des Arbeiteraufstandes am 17. Juni verlor, ließ sie keinen Zweifel mehr: »Die Partei, die Partei, die hat immer recht.«

Die Parteispitze konnte sich in vielem aus der DDR selbst bedienen, wie etwa der Stasi-Chef Erich Mielke, der im gut überwachten 15 000 Hektar großen Wolletzer Schloßwald die vor Kimme und Korn getriebenen Damhirsche waidmännisch-gediegen erlegte.

Der Ministerrat durfte sich in den schönsten Naturschutzgebieten an der Ostsee, wie etwa auf der Insel Vilm, in eigens errichteten Gästevillen und auf spezialgefertigten Yachten erholen oder im Thüringer Wald dem Wintersport frönen, um nur einige Beispiele zu nennen. Nur eines konnte die Parteispitze nicht: sich mit DDR-Produkten umgeben. Denn diese waren schlichtweg völlig ungeeignet, Wohlstand und Gediegenheit zu symbolisieren.

In der Prominentensiedlung Wandlitz bei Berlin, dem militärisch abgeschirmten Regierungsviertel, gab es zu diesem Zweck spezielle Luxusläden, in denen es all das zu erstehen gab, was man im restlichen Land vermißte. Hier hätte man jedoch vergeblich nach den Produkten des sozialistischen Alltags gesucht, die landauf, landab zum Wohle des Volkes in den Regalen standen. In den gut unterbunkerten Villen genoß man ungeniert die Errungenschaften des Klassenfeindes.

»Zum üblichen Westimport [der Parteiführung] gehörten der Farbfernseher von Philips, die Stereoanlage von Sanyo und der Plattenspieler von Blaupunkt«[3]. Man fuhr mit der größten Selbstverständlichkeit Volvo, nicht Wartburg.

Stunning Eastern Design

"No one was aware that the Party hierarchy were buying commodities solely from the West and simply bypassing our country,"[2] admitted Gregor Gysi, the new SED chairman, to a West German television correspondent on 8th December 1989.

But the Socialist Unity Party (SED) knew what it was doing and also how to justify it. After it had put down the uprising of 17th June 1953, thus forfeiting for all time its claims to popular legitimation, the SED had never left any doubt that: "The Party is always right."

The Party hierarchy was at liberty to help itself to a great deal in the GDR. In the well-guarded 30,000 acres of forest in the Berlin district of Wolletz, Erich Mielke, the head of the East German secret police (Stasi), could often be seen taking expert aim at the local deer driven between his sights. Members of the cabinet would relax on islands in the Baltic in purpose-built villas or go sailing on custom-made yachts or indulge in winter sports in the forests of Thuringia – to cite just a few examples. Needless to say, they had no use at all for East German products – which were utterly unsuitable as symbols of prosperity and sophistication.

Special luxury shops had been set up in the confines of the exclusive residential estate in Wandlitz, near Berlin, a militarily cordoned-off governmental quarter, offering goods unobtainable elsewhere in the country.

Absent, however, were the consciousness-raising products of everyday socialism, which served the community up and down the country. The leadership had no interest in the goods to be found on the shelves of the state retail stores. In the safe seclusion of their luxury villas they unashamedly enjoyed the accomplishments of the class enemy.

Philips colour televisions, Sanyo stereo units and Blaupunkt record players, to name a few only, were among the favourite items imported from the West by the

Savoir Eviter le Design

»Nous ignorions tous que les dirigeants du parti n'achetaient que des marchandises de l'Ouest et négligeaient complètement notre pays par cette pratique«[2], avoua le nouveau secrétaire général du SED, Gregor Gysi, le 8 décembre 1989 à la chaîne de télévision ZDF.

Le SED savait ce qu'il faisait et il savait aussi le justifier. A partir de 1953, lorsqu'il perdit sa légitimation aux yeux du peuple en réprimant l'insurrection populaire du 17 juin, il ne laissa planer aucun doute: »Le parti, le parti a toujours toujours raison.«

Les dirigeants du parti pouvaient se servir eux-mêmes dans le nombreux domaines, comme par exemple le chef de la Stasi, Erich Mielke, qui dans le Wolletzer Schloßwald, une immense forêt de 15 000 hectares, abattait en chasseur avisé les daims placés dans sa ligne de mire. Les membres du conseil des ministres avaient le privilège de pouvoir se reposer dans les magnifiques parcs nationaux proches de la Mer Baltique, comme l'île Vilm, dans des villas spécialement construites à leur intention et sur des yachts aménagés à leur goût ou encore de s'adonner aux sports d'hiver dans la forêt de Thuringe, pour ne citer que quelques exemples. Il n'y a qu'une chose dont l'élite du parti était incapable: c'était de s'entourer des produits manufacturés en RDA, car ceux-ci n'étaient pas à même de symboliser le bien-être, la solidité et l'originalité.

Pour combler cette lacune, il existait dans le quartier résidentiel de Wandlitz, près de Berlin, réservé aux membres du gouvernement et protégé par l'armée, des magasins de luxe où l'on pouvait acheter tout ce qui faisait défaut dans le reste du pays.

Toutefois on y aurait cherché en vain les produits du bon citoyen socialiste, présents dans les étalages du pays entier pour le bien du peuple. Dans les villas sous lesquelles étaient aménagés des abris sûrs, on jouissait sans gêne aucune des conquêtes de l'ennemi de classe.

»Les produits d'importation courants (chez les dirigeants du parti) étaient le téléviseur

»Der Sozialismus bietet die Gewähr, daß die Menschen sich ihr Leben in Zweckmäßigkeit und Schönheit einrichten können«[4]. Nichts prägt das Gesicht eines industrialisierten Landes so sehr wie seine Produktkultur. Produkte aus der DDR sind meistens sofort als solche zu erkennen. Was aber macht ihre unverkennbare Eigenart aus?

Uns befremden diese Dinge, wir wissen nicht recht, wie wir mit ihnen umgehen sollen, wir finden sie zunächst schäbig. Die Produkte haben oft eine – banal wirkende – geometrische Grundform.

Schaut man sich die Formen für Videokameras oder Fotoapparate des westlichen Marktes an, die oft wie gekneteter Teig aussehen, höchst asymmetrisch, sehr stark sinnlich aufgeladen, wirken die DDR-Geräte hölzern, eckig, ein wenig, als ob sie mit dem Handlineal zu Hause entworfen worden wären und nicht von professionellen Gestaltern. Faßt man die Dinge an, wird das Befremden noch größer.

Eine Zigarettenschachtel führt man als Raucher immer bei sich. Man hat sie sehr häufig in der Hand. Bei der matten Oberfläche auf einer Zigarettenschachtel der Marke »Karo« (Abb. S. 64) fehlt für den westlichen Tastsinn, der beschichtetes Papier bei Packungen gewohnt ist, die Glätte, die erotische Geschmeidigkeit. Beim Anfassen einer Kabeltrommel der Marke »Stromfix Junior II« (Abb. S. 102/103) fürchtet man die Brüchigkeit des altertümlichen Bakelit-Kunststoffes. Das Material der Kleinbildkamera »Beirette« (Abb. S. 105) wiederum wirkt nach all unserer Materialprägung zu gummiartig und billig für ein technisches Gerät.

Gerade unsere Gewöhnung an die in der Überflußgesellschaft aus Marktgründen sehr genau kalkulierten Materialeigenschaften hält uns instinktiv auf Distanz.

Ein leicht zu bewältigender, weil lässig ironisierbarer Unterschied liegt in den Markennamen; »Juwel« (Abb. S. 64) für Zigaretten wirkt platt und etwas am Ziel vorbei. Die »Club Cola« (Abb. S. 40) heißt »Brisant«, ein Begriff, den man höchstens für den Unterschied zwischen Club Cola und Coke gelten lassen möchte. Tampons hei-

party hierarchy[3]. Instead of driving Wartburgs, they openly flaunted their gleaming Volvos.

"Socialism guarantees that man can lead a life filled with purpose and beauty"[4].

Nothing shapes the face of an industrialised country more than its products. East German products can usually be identified immediately. Why is this?

They provoke a feeling of discomfort. We are unsure what to make of them. Initially, they appear shabby with their uninspiring, geometrical, basic form. Whereas Western video cameras or photographic equipment seem to have the suggestive sexuality and asymmetry of freshly-kneaded dough, East German appliances are prosaic and angular, as if they had been designed on the kitchen table instead of the drawing board. Touching the objects only heightens this sense of discomfort.

Smokers are never without a pack of cigarettes and are constantly handling them. To the Western sense of touch – conditioned by glossy packaging material – the dull surface of a pack of Karo cigarettes (p. 64) lacks the expected smoothness and erotic suppleness. There is a disturbing brittleness about "Stromfix Junior II" cable reel (p. 102/103) that recalls old articles made of bakelite. Conditioned by our own types of material, we find the plastic casing of the Beirette pocket camera (p. 105) far too rubbery and primitive for a technical device.

Our heightened awareness of the characteristics of material – determined purely by market considerations in our own affluent society – leaves us instinctively sceptical.

A less problematic, slightly ironical difference lies in the choice of brand names. To give a brand of cigarettes the name Juwel (i.e. jewel) seems rather unimaginative and inappropriate. The Club Cola (p. 40) is called Brisant (i.e. spectacular), a term which can perhaps best be applied to the difference between Club Cola and Coke. Tampons are called Imuna (p. 129) and fine net tights, "fine net tights" (p. 130). Redundancy rules!

Certainly such brand names provide the consumers with detailed information on

en couleurs Philips, la chaîne stéréo Sanyo et la platine Blaupunkt«[3]. C'est avec le plus grand naturel que l'on conduisait une Volvo et non pas une Wartburg.

»Le socialisme offre la garantie que les hommes puissent s'équiper en répondant aux critères de l'utilité et de la beauté«[4].

Rien n'est plus apte à caractériser le visage d'un pays industrialisé que sa culture des produits. La plupart du temps, les produits de la RDA sont directement identifiables. Mais en quoi consiste cette spécificité qu'on ne saurait méconnaître? Ces objets nous déconcertent. Nous ne savons pas exactement comment les manipuler. Mais d'emblée, nous les trouvons laids. Les produits ont fréquemment une forme de base géométrique d'allure banale. Si nous observons les formes des caméscopes ou des appareils-photo du marché occidental, qui présentent une asymétrie marquée et un caractère très sensuel, nous faisons le rapprochement avec de la pâte savamment modelée, alors que les appareils de la RDA nous semblent rigides et anguleux, un peu comme s'ils avaient été conçus chez soi avec une règle d'écolier et non par des designers professionnels. Quand on se prend à toucher ces objets, notre étonnement n'en est que plus grand.

Un fumeur a souvent un paquet de cigarettes dans la main. Quand un Occidental habitué au papier de qualité palpe la surface mate d'un paquet de cigarettes de la marque »Karo« (ill. p. 64), il lui manque le contact du papier lisse, la malléabilité érotique. En touchant un tambour de câble de la marque »Stromfix Junior II« (ill. p. 102/103), nous redoutons la friabilité de la bakélite, l'ancêtre des matières synthétiques. Etant donné la nature des matériaux que nous connaissons, celui de l'appareil-photo »Beirette« (ill. p. 105) nous semble par contre trop gommeux et trop médiocre pour un appareil technique.

Nous gardons nos distances à l'égard de ces matériaux en raison de notre habitude aux propriétés des matériaux étudiées avec subtilité pour répondre aux exigences du marché de notre société d'abondance.

Une différence facilement surmontable, parce que susceptible de souffrir une ironie

HUTS

Erfü
E

u

ALON

as Vermächtnis
Thälmanns —
stärkt
sozialistisches
aterland!

XI.
PARTEITAG

ßen »Imuna« (Abb. S. 129) und Strumpfhosen »Strumpfhose« (Abb. S. 130). Sieg der Redundanz.

Einerseits bekommt der Konsument mit solch einem Begriff teils recht präzise Informationen über den Inhalt mitgeteilt, andererseits klingen Markennamen wie »Meladur« (Abb. S. 75) für einen Eisbecher nach Zahnschmerzen und »Sprachlos« (Abb. S. 67) für Zigarillos nach chronischer Übelkeit – und nach Sprachlosigkeit des Namengebers.

Diese Produkte mußten sich nie über den guten Klang in der Radioreklame dem Konsumenten andienen oder ihn durch schmeichlerische Oberflächengestaltung süchtig machen.

Sie standen stets selbstbewußt und unausweichlich als einzige Vertreter ihrer Gattung im Schaufenster der örtlichen HO-(Handelsorganisation) Läden. Sie sind nicht begehrlich, raffiniert und geschliffen, weil sie weder dies noch jenes, noch letzteres je sein mußten.

Sie sind deshalb auch nicht Ware als Fetisch, wie wir sie gewohnt sind, sie sind auch nicht »sexy«. Sie sind dennoch keiner weit entfernten Kultur entsprungen.

Durch das Oszillieren zwischen bekannt und unbekannt erzeugen sie eine seltsame Spannung.

Wir begreifen dieses Design im ersten Moment nicht recht, auch weil in der DDR, unter ständigem Verweis auf historische Notwendigkeiten, in der sogenannten Produktsprache ein regionaler Dialekt der Waren entstanden ist; vielleicht so charakteristisch wie das Sächsische. Teils gewollt, teils ungeplant, wie man heute feststellen kann, ist eine eigene Identität gewachsen. Immer wieder irritiert die Mangelhaftigkeit. Fast möchte man sagen, die Waren leiden an Fetisch-Mangel! Darin genau ist wohl auch der Grund zu suchen, warum die DDR-Bürger noch wehrloser dem Glanz westlicher Produkte ausgesetzt sind als wir.

Die Waren, die im einstigen »Drüben« entstanden sind, haben eine Identität des Banalen, des Unausgegorenen, des Improvisierten, jedoch des Menschlichen, weil Fehlerhaften.

the contents of their purchases. On the other hand, brand names such as Meladur (p. 75) for an ice-cream cup and Sprachlos (p. 67) (i.e. speechless) for cigarillos suggest serious medical afflictions – and a very limited vocabulary.

These products did not have to be sold. No one needed to charm the consumer with catchy radio jingles, or create flattering, meaningless designs.

The fact is that they were the only products of their kind on the market. They adorned the shop windows of the local state retail stores – unmistakable and self-assured. They were neither desirable, sophisticated nor glossy. They simply never had to be.

East German commodities lack the fetishistic allures of the West, they lack sex appeal. Yet they derive from a closely-related culture.

This continual interplay of the familiar and the unfamiliar makes a very curious impression on Westerners. Initially, we fail to grasp this sense of design. With continual reference to the historical dialectic, a regional "commodity dialect", perhaps just as distinctive as that spoken, say, in Saxony, has evolved within the so-called "language of design". Partly by intent, partly by accident, as we can now see for ourselves, a distinct identity emerged. An identity, however, which is flawed. It is almost as if the products themselves suffer from a chronic fetish deficit. This is doubtless why East Germans are so much more vulnerable than we are to the glossy allure of Western products.

Goods from what used to be the other side of the Wall appear mundane, curiously unfinished and improvised, and yet, by virtue of their flaws, touchingly human.

Yet there are products which do not immediately betray their East German origins: laboratory equipment, precision engineering plants, optical instruments and machine-tools. They are sophisticated, well-conceived products, different because they are destined for the export market. In the first forty years of the GDR, a sharp and strict distinction between products destined for export and those sold on the East German domestic market has

légère, réside dans les noms de marque. Pour les cigarettes, la marque »Juwel« (ill. p. 64) qui signifie bijou, manque d'originalité et n'est pas assez ciblée. Le »Club Cola« (ill. p. 40) est nommé »Brisant« (explosif), un vocable que l'on pourrait tout au plus accepter pour caractériser la différence entre Club Cola et Coke. Les tampons hygiéniques s'appellent »Imuna« (ill. p. 129) et les collants »Collant« (ill. p. 130). Dans ce cas, la redondance est reine.

Il est certain qu'une telle appellation renseigne le consommateur assez précisément sur le contenu. Mais d'autre part, des noms de marque comme »Meladur« (ill. p. 75) pour une coupe de glace évoque plutôt les maux de dents et »Sprachlos« (muet et stupéfait) pour des cigarillos (ill. p. 67), les nausées chroniques et la stupeur mentale de celui qui les a ainsi baptisés.

Ces produits ne devaient jamais s'insinuer auprès des consommateurs par une sonorité élégante dans une réclame radiophonique, ni d'en faire des acheteurs immodérés par le biais de leur surface flatteuse.

Ils ont toujours dégagé une sûreté de soi et un caractère inéluctable en tant que représentants uniques de leur espèce dans la vitrine des magasins nationalisés »HO«. Ils n'inspirent pas la convoitise, ne sont ni raffinés, ni affinés. Ils ne représentent pas pour autant de la marchandise-fétiche comme nous y sommes accoutumés et ne sont pas non plus »sexy«. Et pourtant, ils ne sont pas le fruit d'une culture très lointaine. En raison de cet oscillement entre le connu et l'inconnu, ils sont générateurs d'une tension singulière.

Au premier abord, nous ne comprenons pas bien ce design parce qu'un dialecte régional des marchandises est né au sein de la langue des produits en RDA, avec une référence constante à la dialectique de l'histoire, un dialecte qui est peut-être aussi caractéristique que le saxon. En partie voulu, en partie non, le design de RDA a acquis une identité personnelle. Toutefois l'imperfection ne cesse de déconcerter. On pourrait presque affirmer que ces marchandises manquent de pouvoir magique. C'est à ce niveau qu'il faut chercher la différence qui expose les citoyens de la RDA

Es gibt aber auch DDR-Produkte, die man nicht auf Anhieb als solche identifiziert: labortechnische Geräte, feinmechanische Anlagen, optisches Zubehör, Werkzeugmaschinen. Ausgereifte Dinge, durchdachte Dinge. Sie sind anders, weil sie für den Exportmarkt entwickelt worden sind.

In der DDR läßt sich über die Jahrzehnte eine scharfe und strikte Trennung von Produkten für den Export und solchen für den Binnenmarkt feststellen. Erstere sind gut gestaltet und können auf Auslandsmärkten konkurrieren. Letztere wirken hausbakken und können nicht einmal auf dem Binnenmarkt gegen den unvorbereiteten Einbruch ausländischer Produkte bestehen, den die Öffnung der Grenzen nun beschert.

»Es liegt im Wesen des Kapitalismus, die Massen urteilsunfähig zu halten, um die Bedürfnisse für den Absatz von Waren manipulieren zu können«[5].

Nicht zwei, sondern gar drei Seelen wohnen, ach, in der Brust des DDR-Konsumenten. Seele eins: die Werbewelt des Westfernsehens. Seele zwei: die Alltagserfahrung in der Produktion von hochwertigen Investitionsgütern für den Weltmarkt. Seele drei: die bizarr andere Welt des Warenangebotes auf dem Ost-Konsumgütermarkt.

Alle drei »Seelen« haben mit Materialien, mit Welten zu tun, die objektbezogen sind. Kein Wunder jedoch in einer Gesellschaft, die sich aus dem historischen Materialismus legitimierte und dem einzelnen außer seiner Selbsterfahrung im Umgang mit dem Mangel fast nur noch den Warenbezug ließ, nachdem die »hehren« Werte 1953 in Berlin, 1956 in Budapest, 1968 in Prag und 1989 in Peking zur Farce geworden waren.

been apparent. The former are well designed and able to compete on foreign markets. The latter appear home-made, and, since the opening of the borders, have even proved incapable of holding their own against the flood of foreign products pouring onto the domestic market.

"It is in the very nature of capitalism to keep the masses ignorant in order to manipulate their needs for the sale of goods"[5].

The average East German consumer has not just the two souls of Goethe's Faust, but three. Soul 1: the advertising world of Western television. Soul 2: the daily experience of producing high-quality capital goods for the world market. Soul 3: the grotesquely different world of the domestic consumer goods market.

All three "souls" are related to worlds which are product-orientated. Hardly surprising, however, in a society which owed its legitimation to historical materialism. Apart from the individual experience of deprivation, the individual's freedom in the wake of the exposure of the Communist values in 1953 in Berlin, 1956 in Budapest, 1968 in Prague and 1989 in Beijing had been restricted to the purchase of goods.

P.10–11

Hutsalon mit Propaganda
Hat shop with slogan for the 11th Party Congress of the SED: »Fullfill Ernst Thälmann's legacy – help strengthen our socialistic fatherland!«
Vitrine de modiste avec propagande pour le 11ième Congrès du parti SED: «Mettez en valeur l'héritage spirituel d'Ernst Thälmann – fortifiez notre patrie socialiste!»

P.14

Schaufenster in Ost-Berlin
Window display in East-Berlin: Apprenticeship for everyone
Vitrine à Berlin-Est: Apprentissage pour tous

P.16

Schaufenster in Ost-Berlin
Window display in East-Berlin
Vitrine à Berlin-Est

sans défense à la splendeur des produits-fétiches occidentaux.

Aux marchandises fabriquées dans ce qu'on appelait »de l'autre côté«, ici: la RDA, on associe la banalité, le manque de maturité, l'improvisation, mais aussi un côté humain puisqu'elles ne sont pas exemptes de défauts. Il existe cependant des choses que l'on n'identifie pas d'emblée comme produits typiques de la RDA: l'appareillage de laboratoire, les installations de mécanique de précision, les accessoires d'optique et les machines-outils. Il s'agit de produits élaborés qui relèvent d'une conception mûrement réfléchie. Ils sont différents parce qu'ils ont été mis au point pour le marché de l'exportation.

En RDA, on peut constater que tout au long des décennies, une séparation nette a existé entre les produits d'exportation et ceux qui sont destinés au marché intérieur. Les premiers ont un design satisfaisant et peuvent soutenir la concurrence sur les marchés étrangers. Les derniers ont l'air prosaïques et ne peuvent résister à l'irruption imprévue des produits étrangers qui est le lot de l'ouverture des frontières.

»Il est dans la nature du capitalisme de maintenir les masses dans l'incapacité de juger afin de pouvoir manipuler les besoins pour l'écoulement des marchandises«[5].

Non pas deux, mais trois âmes habitent la poitrine du consommateur est-allemand: le monde publicitaire de la télévision de l'Ouest, l'expérience quotidienne faite en produisant des biens d'équipement d'excellente qualité pour le marché mondial, l'autre monde bizarre de l'offre des marchandises sur le marché est-allemand des biens de consommation.

Les trois »âmes« ont affaire aux matériaux, à des sphères qui se rapportent aux objets. Cependant, ceci n'a rien d'étonnant dans une société qui a tiré sa légitimation du matérialisme historique et n'a laissé à l'individu, à l'exception de son expérience avec des semi-privations, que la possibilité de relations avec les biens matériels après que les nobles valeurs se sont transformées en farce avec les événements de Berlin en 1953, de Budapest en 1956, de Prague en 1968 et de Pékin en 1989.

Der geprügelte Vetter

Die DDR ist ein kleines Land mit etwa zwei Fünfteln der Fläche der Bundesrepublik und ca. einem Drittel der Bevölkerung des westlichen Nachbarn. Das Land zwischen Oder und Elbe wurde geprügelt, während der Vetter nebenan mit ausländischen Investitionen vollgestopft wurde. Die heute eher beliebten Russen hatten, verzweifelt über die weitgehende Zerstörung ihres Landes durch deutsche Truppen und in der Aggression des eisernen Stalinismus, alles geplündert, was der Krieg übriggelassen hatte.

Nachdem alliierte Bomber 45 % der Produktionskapazitäten zerstört hatten, demontierten die Sowjets 80 % der Eisenhütten- und Walzwerke, der Elektroindustrie und des Maschinenbaus, 75 % des Fahrzeugbaus, der feinmechanischen und der optischen Industrie. Im Grunde demontierten sie alles.

1948 war damit Schluß. Dann gingen nur noch Besitzrechte in die Hände der UdSSR über.

Die 1949 gegründete DDR erhielt keine Auslandshilfe, erlebte keinen Marshall-Plan. Sie hatte die traditionellen Absatzmärkte im ehemaligen Reich verloren, bekam kaum Rohstoffe. Dennoch zahlte sie noch bis zum 22. 8. 1953 insgesamt knapp 60 Milliarden Mark Reparationszahlungen an die Sowjetunion – aus der laufenden Produktion. Danach waren auch die ordentlichen Preußen und die fleißigen Sachsen so ausgeblutet, daß, zu allem Überdruß, immer mehr Menschen ihre Heimat verließen, um im Westen nach Neuem zu fahnden. Dort war der Krieg genauso kalt wie in Cottbus, aber die Wohnung war wärmer.

Während dieser Zeit, gegen die unerträglichen äußeren Bedingungen und mit der Hoffnung auf die Utopie Sozialismus, entwickelte sich im Bereich des Designs eine lebhafte und intensive Diskussion, die, wie niemals später – und auch nicht im Westen –, süchtig war nach Programmatik, nach Auseinandersetzung und Zukunftsplanung.

The battered cousin

East Germany is a small country, only two-fifths the size of the Federal Republic, with a third of its population. Whilst the cousin next door was being inundated with foreign investment, this country bounded by the rivers Oder and Elbe was being bled dry. The Russians – more popular of late – despairing at the large-scale devastation (by German troops) of their own country, were then driven by Stalin's aggression to plunder everything the war had left intact. After Allied bombers had destroyed 45% of the total production capacity, the Soviets dismantled 80% of the iron and steel works and the electrical and machine-tool industry, and 75% of the car manufacturing, precision engineering and optics industries. In effect, everything.

The pillage was stopped in 1948 – by the simple stratagem of transferring ownership to Soviet hands.

Founded in 1949, the GDR received no foreign aid, nor did it prosper under any Marshall Plan. It had lost the traditional German export markets and now lacked raw materials. Yet despite these disadvantages, by 22nd August 1953, East Germany had managed to pay a total of 60 thousand million marks in reparation to the Soviet Union – financed from current production. After that, the bureaucratic Prussians and the industrious Saxons were so exhausted that there was a growing exodus of people from their homelands in search of a new home in the West – where the Cold War was just as cold as in the East, but at least the flat you lived in was warmer. The exodus only made matters worse.

The intolerable living conditions of this period and anticipation of a socialist Utopia combined to unleash a heated and intense debate in the design world. Although never repeated – not even in the West – the ensuing dialogue stimulated new programmes, further debate and planning.

Le cousin maltraité

La RDA est un petit pays dont la superficie représente environ deux cinquièmes de celle de la RFA et la population environ un tiers de celle de son voisin. Le pays situé entre l'Oder et l'Elbe a été maltraité tandis que son cousin d'à-côté a été inondé par les investissements étrangers. Désespérés par la destruction considérable de leur pays par les troupes allemandes et forts de l'agressivité du stalinisme, les Russes, plutôt en faveur actuellement, ont pillé tout ce qui avait subsisté après la guerre.

Après la destruction de 45 % des capacités de production par les bombardiers alliés, les Soviétiques démontèrent 80 % des usines sidérurgiques et des laminoirs, de l'industrie électrique et de la construction mécanique et 75 % des ateliers de construction automobile, de mécanique de précision et de l'industrie optique. Au fond, ils ont tout démonté.

Cette phase prit fin en 1948. A partir de ce moment-là, on se contenta de remettre les droits de possession aux mains de l'URSS. Formée en 1949, la RDA ne reçut pas d'aide étrangère et ne bénéficia pas du plan Marshall. Elle avait perdu les débouchés traditionnels existant pendant le Reich et ne recevait pratiquement pas de matières premières. Cependant elle versa à titre de réparations jusqu'au 22 août 1953 une somme totale de presque 60 milliards de marks à l'Union soviétique. Cet argent provenait bien entendu de la production. Les Prussiens amoureux de l'ordre et les Saxons travailleurs furent tellement saignés à blanc que, ajoutant au dégoût général, toujours plus de personnes quittèrent leur patrie pour trouver une nouvelle destinée à l'Ouest. Là, la guerre était aussi froide qu'à Cottbus, mais l'appartement était plus chaud.

Pendant ce temps, malgré les conditions extérieures insupportables et dans l'espérance de l'utopie du socialisme, une discussion vive apparaissait dans le domaine du design, discussion qui, comme jamais plus après, était avide de programmes, de confrontations et de projets d'avenir.

Historischer Überblick

Die Geschichte des Designs in der DDR hat der Ostberliner Designkritiker und -theoretiker Heinz Hirdina 1988 veröffentlicht auf knapp 400 Seiten unter dem Titel »Gestalten für die Serie. Design in der DDR. 1949–1985«[6]. Dort wird unter ständigem Verweis auf den unaufhaltsamen Fortschritt des Sozialismus der sukzessive Zerfall eines Experiments minutiös dargelegt. Nicht das Projekt Design scheitert; im Gegenteil. Es entgleitet seinen Ideologen, und zwischen den Zeilen wird sichtbar, daß das, was da von oben geplant wurde, am Ende ganz andere Gestalt annahm.

Im Hintergrund thront Lenin, der den Sozialismus untrennbar an die staatliche Organisation band mit seinem Postulat: »Sozialismus ist undenkbar ... ohne planmäßige, staatliche Organisation, die Millionen Menschen zur strengen Einhaltung einer einheitlichen Norm in der Erzeugung und Verteilung dieser Produkte anhält«[7].

Erblast Bauhaus

Am Anfang der Design-Geschichte der DDR steht Mart Stam, der schon am Bauhaus als Gastdozent gewirkt hatte und seinen Band »Das ABC vom Bauen« in der Reihe der Bauhausbücher herausgab. Stam vertrat einen herben Funktionalismus[8]. Ein Freund El Lissitzkys und überzeugter Kommunist, proklamierte er 1948 bei seiner Antrittsrede als Rektor der Akademie der Künste und der Hochschule für Werkkunst in Dresden: »... durch eine Hebung des kulturellen Niveaus, des künstlerischen und qualitativen Niveaus der Gegenstände des täglichen Bedarfs wird das Empfinden aller eine wohltuende Wirkung erfahren. Nur so ... werden wir eine bewußtseinsverändernde, geschmacksbildende kulturelle Erziehung [der] Allgemeinheit, der breiten werktätigen Schichten, der Arbeiter und Bauern erzielen«[9].

Drei Jahre später erklärte Stam auch genau, was man brauche, um den Neuen Menschen zu geistiger Klarheit zu führen:

The historical perspective

There is, of course, a history of East German design, published by the East Berlin design critic and theorist Heinz Hirdina in 1988. This 400-page book is entitled *Design For Mass Production. Design in the GDR: 1945 – 1985*[6]. Constantly referring to the inexorable progress of socialism, it presents a painstaking portrayal of the gradual collapse of an experiment. The principle of design did not fail; quite the contrary. It eluded the ideologues, and reading between the lines of this book it is apparent that the final form bore little resemblance to the plan originally ordained from above. Yet the spirit of Lenin still looms ubiquitously in the background, binding Socialism inseparably to state organization with his postulate: "Socialism is unthinkable without a planned state-run organization, summoning millions of people to strict adherence to a uniform standard in the production and distribution of products"[7].

The burden of tradition: Bauhaus

Mart Stam was one of the most influential figures in the early days of East German design. He had already worked at the Bauhaus as a visiting lecturer and published one volume, *The ABC of Bauhaus* in the Bauhaus series. Stam advocated an austere brand of functionalism[8]. A friend of El Lissitzky and a convinced Communist, he declared at his inaugural speech as newly-appointed director of the Akademie der Künste (Academy of Art) und Hochschule für Werkkunst (College of Industrial Art) in Dresden in 1948 that "raising cultural standards and the artistic and qualitative standards of everday consumer items will positively influence people's perception. Only in this way will we achieve a culturally-orientated education which raises the consciousness and aesthetic appreciation of the broad mass of the working population, the workers and peasants"[9].

Three years later, Stam detailed exactly what was needed to lead the "new individ-

L'historique

En 1988, Heinz Hirdina, critique et théoricien du design, publiait l'histoire du design en RDA dans un ouvrage de presque 400 pages intitulé »Gestalten für die Serie. Design in der DDR. 1949–1985« (Créer pour la série. Le design en RDA.[6]). Tout en faisant référence au progrès inéluctable du socialisme, l'auteur présente avec minutie la dégradation d'une expérience. Ce n'est pas le projet du design qui échoue, bien au contraire. Celui-ci échappe à ses idéologues et, entre les lignes, on s'aperçoit que ce qui était dicté d'en haut prit finalement une toute autre forme.

A l'arrière-plan trône Lénine qui ne concevait pas le socialisme sans l'organisation de l'Etat: »Le socialisme est impensable ... sans une organisation de l'Etat conforme au plan qui exhorte des millions de personnes à respecter rigoureusement la norme unique prévue pour la fabrication et la répartition de ces produits«[7].

Poids de l'héritage du Bauhaus

Le début de l'histoire du design en RDA est manifestement dominé par Mart Stam qui avait déjà enseigné au Bauhaus comme professeur invité et édité un ouvrage »L'ABC de la construction« dans la série des livres du Bauhaus. Stam prônait un fonctionnalisme austère[8]. Il était l'ami de El Lissitzky et en tant que communiste convaincu, il proclama son credo en 1948 lors de son discours inaugural quand il devint recteur de l'Académie des beaux-arts et de l'Ecole des arts appliqués à Dresde: »... Un relèvement du niveau culturel, du niveau artistique et qualitatif des objets de la vie quotidienne aura un effet bienfaisant sur la sensibilité de tous. C'est seulement ainsi ... que nous parviendrons à réaliser l'éducation culturelle (de) tous qui soit apte à changer la conscience et à former le goût de tous les travailleurs, des ouvriers et des paysans«[9].

Trois ans plus tard, Stam exposait avec précision la stratégie nécessaire pour amé-

»Heute brauchen wir ein besseres – ein besser überlegtes –, mehrfach erprobtes Produkt, das in fließender Serie herstellbar ist. Wir brauchen ein Produkt, das für heute fast die Endform, die letzte Form, das letzte Resultat und die letzte Wahl aus einer ganzen Reihe von Versuchen ist – wir wollen eine letzte Form – eine industrielle Form«[10].

Damit war ein Programm ausgesprochen: Man wollte durch die ultimativ geläuterte Form neues Bewußtsein schaffen. Das Produkt würde, dessen war man sich sicher, die Menschen erziehen. Das Programm war radikal, es wurde als Lippenbekenntnis zum Drückschuh ganzer Generationen von DDR-Designern. Praktizierte Radikalität nämlich war auch im sozialistischen Deutschland nicht gerne gesehen.

Mart Stam gründete, nachdem er 1950 von Dresden an die Hochschule nach Ost-Berlin gewechselt war, innerhalb der Hochschule das Institut für Industrielle Gestaltung. Dieses wurde schon im Jahr darauf in »Institut für Angewandte Kunst« umbenannt und aus der Hochschule, damit auch aus dem Zugriff Stams, ausgegliedert. Es wurde der Staatlichen Kommission für Kunstangelegenheiten unterstellt. Der Direktor, Walter Heisig, formulierte dann auch den Kernsatz gegen den reinen Funktionalismus: »Ein Besteck ohne Ornament ist Formalismus!«[11]. Und Formalismus war sozialismusfeindlich, wie der III. Parteitag der SED 1950 definierte[12].

Plötzlich hatte man nämlich erkannt, daß der sogenannte Formalismus in Kunst und Architektur eine »volksfremde und volksfeindliche Strömung« war, eine »Waffe des Imperialismus«[13], die bisher nicht erkannt worden war. Viel mehr noch: »Wer sein Tagwerk sinnvoll zu dem aufbauenden Werk der Gesellschaft beiträgt, verabscheut jeden Funktionskult, der die menschliche Behausung zur Maschinerie, den Sessel zum Sattel, das Schlafzimmer zum Ordinationsraum und den Benutzer dieses Studios zum Klienten seiner Wohnpraxis macht«[14].

Vielmehr wurde staatlicherseits eine »Rückerinnerung an die Werte unserer Heimatkunst«[15] gefordert. Man sah schon

ual" to intellectual clarity: "Today we need a better – better devised – product, which – tried and tested – can then be mass produced. We need a product which represents the ultimate contemporary form, the most up-to-date form, the final result. The sole survivor of a whole series of tests. We want an ultimate form – an industrial form"[10].

It was a new manifesto: The ultimate, purified form was to create a new consciousness. The product – of this they were convinced – would educate society.

The programme was radical and effectively straight-jacketed generations of East German designers who were required to pay lip service to it.

Radical ideas were also frowned upon in socialist Germany.

After having transferred from Dresden to the University of Berlin in 1959, Mart Stam founded the Institute for Industrial Design, which was incorporated into the University itself. A year later this was then renamed the Institute of Applied Art and separated from the University and from Stam's influence. The institute was placed under the control of the Staatlicher Kommission für Kunstangelegenheiten (National Commission for Artistic Affairs). Director Walter Heisig formulated what was to become the rallying cry against pure functionalism. "An unadorned piece of cutlery is still formalism!"[11]. And formalism was of course an enemy of socialism, as defined by the Third SED Party Assembly in 1950[12].

Suddenly formalism in art and architecture was seen as a "trend, alien and hostile to our culture"[13]. Moreover, "anyone contributing in their daily work to the greater task of building society abhors every kind of functionalist cult, which turns a human dwelling into a machine, an armchair into a saddle, a bedroom into a shrine and the occupier into a guest in his own home"[14].

Instead, the state now called for a "return to the values of our traditional art"[15], conjuring up visions of an incipient "New German Style".

This effectively pulled the rug from under the feet of the creative and critical functionalists of the old school – before GDR his-

liorer la clarté d'esprit de l'homme nouveau: »Nous avons besoin aujourd'hui d'un meilleur produit, d'un produit mieux conçu et longuement éprouvé qui puisse être fabriqué en série. Il nous faut un produit le plus proche possible de l'idéal pour l'époque actuelle, la forme finale, le résultat final et le choix final après toute une série d'essais. Nous voulons une forme ultime, une forme industrielle«[10].

Ces déclarations correspondaient à un programme: l'objectif était de créer une nouvelle conscience à l'aide d'une forme épurée à valeur d'ultimatum. Le produit aurait des vertus éducatives. C'était sûr.

Le programme était radical. les designers est-allemands en firent une profession de foi qui représenta une entrave à la créativité pendant plusieurs générations. En effet, une telle radicalisation n'était pas appréciée, même en Allemagne socialiste.

Après avoir quitté l'académie de Dresde pour celle de Berlin en 1950, Mart Stam fonda l'Institut de création industrielle au sein de l'académie. Dès l'année suivante, il fut baptisé Institut des arts appliqués, détaché de l'académie et par là même soustrait à l'influence de Stam. L'institut fut alors subordonné à la Commission d'Etat chargée des affaires artistiques. Le directeur, Walter Heisig, formula alors un slogan dirigé contre le fonctionnalisme pur: »Un couvert sans ornement, c'est du formalisme!«[11]. Or, le formalisme était un ennemi du socialisme comme le définit le congrès du parti du SED en 1950[12].

On prit soudain conscience que le formalisme en art et en architecture était un »courant étranger et néfaste au peuple« une »arme de l'impérialisme«[13] qui n'avait pas été identifiée jusque-là. Plus encore: »Quiconque contribue utilement à l'édification de la société, exècre tout culte de la fonction qui fait de l'habitation humaine une salle des machines, du fauteuil une selle, de la chambre à coucher un bureau de consultation et de l'utilisateur de ce studio un client de son cabinet d'habitation«[14]. Au contraire, l'Etat exigeait une »réminiscence des valeurs de notre art régional«[15]. On entrevoyait déjà l'approche d'un »nouveau style allemand«.

einen »neuen deutschen Stil« am Horizont heraufziehen.

Damit war schon kurz nach Gründung der DDR den kreativen und kritischen Funktionalisten der alten Schule der Boden unter den Füßen weggezogen. Stam ging 1953 – im Jahr des Arbeiteraufstandes – nach Amsterdam.

Der Anspruch dieses neuen deutschen »Stils«, Elemente aus dem heimischen Kunsthandwerk unters Volk zu bringen, kollidierte mit der technisch aufwendigen Realisierung dieser Gegenstände in der »Großen Serie«, einem Diktum sozialistischer Wirtschaftspolitik.

»Die Gründung der DDR eröffnete der industriellen Formgestaltung einen neuartigen politischen, ökonomischen, sozialen und kulturellen Handlungshorizont, der das Werden einer menschenwürdigen materiellen Kultur zielhaft vorgab. Ein ästhetischer Konsens bildete sich heraus...«[16], formuliert der Theoretiker Hein Köster noch 1988 im Katalog »Design in der DDR«.

Dieser Konsens existierte natürlich nie. Aus der Spannung zwischen solchen schönmalerischen Sprüchen und der Realität in der Produktion entstanden vor allem in den 50er Jahren unzählige Ingenieurentwürfe sowie Produkte, die von den Arbeitern selbst entwickelt wurden. Gewissermaßen basissozialistisch, aber eher intuitiv und ungeplant. Das Improvisierte entwikkelte sich zwischen den Zeilen der großen Theoriegebäude.

Reaktionärer Einzelhandel

Der allgemeine Publikumsgeschmack war wie im Westen vom Kitsch der »netten« kleinen Dinge bestimmt. Verschnörkelte Teekannen, mit Weihnachtsbäumen bedruckte Brotkörbchen, Serviettenringe mit Alpenveilchenmotiv. Hüben wie drüben. Die Richtlinien auf seiten der staatlichen Ästhetik wünschten sich klare und nützliche Formen. Auf den Ausstellungen »Schöne Industriewaren« und »Deutsche angewandte Kunst« von 1954 kam es dann zu einem ersten Showdown.

tory had barely begun. In 1953, the year of the workers' uprising, Stam left for Amsterdam.

The objectives of this New German Style were to introduce elements of German craftsmanship to the common man. Yet this lay in direct conflict with the sophisticated technology required to put these objects into mass production – a dictate of the socialist economic policy.

"The founding of the GDR opened up new political, economic and social horizons to industrial design, pointing the way to a humane, materialist culture," wrote the East German theorist Hein Köster in the catalogue *Design in the GDR* as recently as 1988, adding that "an aesthetic consensus was achieved..."[16]. Of course, this consensus never existed. During the 50s, the gap that yawned between such disingenuous platitudes and the reality of production was filled by a flood of countless engineering blueprints and products developed by the workers themselves. A worthy exercise in grass-roots socialism, yet intuitive and haphazard all the same. Improvisation still flourished between the lines of the overall theoretical construct.

Reactionary Retail Trade

As in the West, the general taste of the public was determined by the sentimental appeal of the "nice" little things of life. Fancy tea-pots, bread-baskets decorated with Christmas trees, serviette rings depicting cyclamens. The state aesthetic decreed the application of distinct and useful forms. In 1954 two exhibitions, "Attractive Industrial Goods" and "German Applied Art", set the stage for the first showdown. "Generally the producers gave a good account of themselves, because they showed themselves to be capable of manufacturing quality free of both kitsch and traces of formalism. The criticism of the retail trade was, however, universal and uncompromising. The *Tägliche Rundschau* condemned the latter's reference to the bad taste of the consumer as 'a reactionary lie or an opportunistic excuse'"[17]. Af-

Ainsi, peu après la création de la RDA, l'Etat coupa l'herbe sous le pied des fonctionnalistes créatifs et critiques de l'école antérieure. Stam partit à Amsterdam en 1953, l'année de l'insurrection.

La prétention de ce nouveau »style« allemand de vulgariser des éléments de l'artisanat régional se heurta à la réalisation techniquement complexe de ces objets devant être fabriqués en »grande série« comme le réclamait la politique économique socialiste.

»La fondation de la RDA ouvrit au design industriel un nouvel horizon politique, économique, social et culturel qui avait pour objectif la naissance d'une culture matérielle digne de l'homme. Un consensus esthétique fut trouvé...«[16], affirme encore en 1988 le théoricien Hein Köster dans le catalogue »Design en RDA«. Evidemment, ce consensus n'exista jamais. De la divergence entre ces belles paroles et la réalité dans la production sont nés, notamment dans les années 50, d'innombrables projets d'ingénieurs ainsi que des produits développés par les ouvriers eux-mêmes, pour ainsi dire conformément aux bases du socialisme, mais plutôt de manière intuitive et spontanée. L'improvisation fit son chemin entre les lignes des grands édifices de la théorie.

Commerce de détail réactionnaire

Dans l'ensemble, le goût du public était déterminé, comme à l'Ouest, par le kitsch des »belles« petites choses. Par exemple les théières chargées de fioritures, les corbeilles à pain décorées d'arbres de Noël, les ronds de serviettes rehaussés de cyclamens, d'un côté de la frontière comme de l'autre. Les directives de l'Etat relatives à l'esthétique souhaitaient des formes claires et utilitaires. L'heure de la vérité sonna pour la première fois en 1954 aux expositions »Les beaux produits industriels« et »Les arts appliqués allemands«.

»Les producteurs s'en tirèrent tous bien car ils se montrèrent en mesure de fabriquer de la qualité au-delà du kitsch et dans certains cas au-delà du formalisme. La criti-

»Durchweg gut kamen die Produzenten dabei weg, weil sie sich in der Lage zeigten, Qualität jenseits von verbreitetem Kitsch einerseits und hin und wieder auftauchendem Formalismus andererseits zu produzieren. Die Kritik am Handel war durchgängig und hart. Das Berufen auf den schlechten Geschmack der Käufer wurde in der *Täglichen Rundschau* als ›reaktionäre Lüge oder eine opportunistische Ausrede‹ klassifiziert«[17]. Denn »unsere Schaffenden hungern geradezu nach den geschmackvollen und dabei preiswerten Waren, die unsere Industrie bereits seit langem herstellt«[18]. Das Institut für Angewandte Kunst versammelte schließlich 160 Entwerfer aus der Industrie, »um ihnen den rechten Weg zu weisen und sie vor allem zur Beschäftigung mit den nationalen Traditionen anzuhalten«[19].

An dieser Stelle gehen erstens Entwurfstradition im Sinne des Bauhauses, zweitens Wünsche der Kunden, die sich im Handel spiegelten, und drittens staatlicher Anspruch vollends auseinander. In die sozialistische Theorie paßten Industriestrategien besser als Handelsstrategien.

Auf die Produktion war eben leichter planend einzuwirken als auf den Konsum. So konnte es zu dem realitätsblinden Vorwurf an den Handel kommen, er sei »reaktionär«, wenn er das verkaufe, was die Leute haben wollen. Die Industrie richtete sich nach den Vorgaben des Instituts, und »die Starrheit der früheren Formen wurde aufgelockert, die puritanische Schmucklosigkeit überwunden«[20].

Staatlicherseits wurde ein leicht ornamentierter pseudofunktionaler Industriestil gefördert. Funktionalismus wurde abgelehnt, und den Handel hielt man für noch nicht sozialistisch genug, gewissermaßen für »ungezogen«. Die sozialistischen Werktätigen aus den Kombinaten, den großen Fabrikzusammenschlüssen, würden es ihm schon zeigen! Die ganze Diskussion hatte indes einen absurden Aspekt, den man auf der Ebene der Theorie nicht gerne sah: Den Werktätigen waren formale Probleme weitgehend egal, wenn nur überhaupt etwas in den Regalen des angeblich »opportunistischen« Handels stand.

ter all, "our workers are just rushing out to buy the tasteful, and yet favourably priced goods, which our industry has long since been producing"[18].

The Institute of Applied Art finally assembled 160 designers from industry, "in order to guide them down the right path and to encourage an appreciation of national traditions"[19].

At this juncture, three juxtaposing elements – the design tradition of Bauhaus; the requirements of the customer as reflected in the retail trade; and lastly, the objectives of the state – collided head-on. Socialist theory, it seems, can accommodate an industrial strategy more comfortably than a commercial strategy.

It was simply easier to influence and target production than consumption. Hence the absurd accusation that the retail trade was "reactionary" if it sold what people wanted.

Industry conformed to the guidelines set by the Institute and the "rigidity of the earlier forms was relaxed and the puritanical simplicity abandoned"[20]. The state was fostering a slightly ornamental, pseudofunctional industrial style. Functionalism was rejected and commercialism regarded as ideologically unsound – almost "subversive". The socialist workers from the huge industrial state combines would carry the day! Yet there was one absurd aspect to this whole discussion which raised awkward theoretical implications: The workers were largely indifferent to formal problems – even assuming they were fortunate enough to find something on the shelves of the supposedly "opportunist" retail traders.

However, the debate grew more vehement. Armed with the slogans of the Third Party Assembly, it railed against the "world domination of formalism". "Until American influence in the economic, political and ideological sphere (of art) is banished from German soil, art will never be free to develop a pan-German national identity"[21].

Two essential statements were being made here. It was no news that art has an ideological function. The anti-American and pan-German nationalist sentiments, on the

que envers le commerce était générale et acerbe. L'allégation avancée du mauvais goût des acheteurs fut qualifiée dans la *Tägliche Rundschau* de ›mensonge réactionnaire ou d'excuse opportuniste‹«[17]. Car »nos travailleurs sont vraiment affamés de marchandises de bon goût et en même temps bon marché, comme en produit notre industrie depuis longtemps déjà«[18].

L'Institut des arts appliqués finit par rassembler 160 dessinateurs de l'industrie »pour leur montrer le bon chemin et surtout pour les exhorter à tenir compte des traditions nationales«[19].

A ce moment-là, il y avait divergence totale entre la tradition du design dans le sens du Bauhaus, les désirs de la clientèle qui se reflétaient dans le commerce et les exigences de l'Etat. Les stratégies de l'industrie s'adaptaient mieux à la théorie socialiste que les stratégies commerciales. Il était plus facile d'influencer la production, par le biais d'un plan, que la consommation. C'est ainsi que sans considérer la réalité, on reprocha au commerce d'être »réactionnaire« quand il vendait ce que les gens voulaient avoir.

L'industrie s'orienta sur les exigences de l'Institut et »la rigidité des premières formes se dissipa et l'austérité puritaine fut surmontée«[20]. L'Etat encouragea un style industriel pseudofonctionnel légèrement ornementé. Il rejeta le fonctionnalisme et considéra que les responsables du commerce n'étaient pas encore assez socialistes, d'une certaine manière »mal éduqués«. Les travailleurs des combinats, ces groupements d'industries d'une même branche, leur en remontreraient! Toute la discussion comportait toutefois un aspect absurde, notamment déplorable au niveau de la théorie: les travailleurs étaient passablement indifférents aux problèmes de forme du moment qu'ils trouvaient quelque chose dans les étagères du commerce soi-disant »opportuniste«.

La discussion gagna plutôt en véhémence. Se réclamant des conclusions du troisième congrès du parti, elle se tourna résolument contre la »puissance universelle du formalisme«. »Sans l'élimination complète de

Die Diskussion gewann aber eher an Vehemenz. Sie wandte sich, mit den Erkenntnissen des III. Parteitages, gezielt gegen die »Weltmacht des Formalismus«. »Ohne die restlose Ausschaltung des amerikanischen Einflusses in Deutschland auf wirtschaftlichem, politischem und ideologischem Gebiet (Kunst) ist die freie Entwicklung der deutschen Kunst im gesamtnationalen Maßstab nicht möglich«[21].

Hiermit waren zwei wesentliche Aussagen getroffen: Kunst hat eine ideologische Aufgabe. Das war nichts Neues. Aber hier ging es vor allem gegen die USA und um Gesamtdeutschland. Nachdem Design der angewandten Kunst zugeordnet, Kunst zum ideologischen Werkzeug erklärt und ein eigener Weg proklamiert worden war, hatte man eines verspielt: den Anschluß an die fortschrittlichen Entwicklungen im Design.

Die Bauhäusler Gropius, Mies van der Rohe, Albers etc. waren nämlich vor den Nazis in die USA geflüchtet. Die maßgeblichen »Industrial Designer«, wie der große Raymond Loewy, die wirkliche Rationalisierungen und Verbesserungen der Bedienung entwickelten, saßen am Hudson, nicht an der Spree oder gar der Moskwa. Das wollte und sollte keiner sehen.

Ornament als Waffe

Es gibt den berühmten Text von Adolf Loos: »Ornament und Verbrechen«[22], ein Bannerspruch der Funktionalisten. In der DDR galt nun umgekehrt:
»Ornamente, Dekore und Webmuster sind neben der Sprache ein wichtiges Mittel zur nationalen Differenzierung«, und »sozialistisch im Inhalt, national in der Form« waren die zentralen Maximen. Der Formalismus »bestand in dem Angriff auf die nationale Kultur im Interesse des Kosmopolitismus und der Kriegspolitik des amerikanischen Imperialismus«[23].

Es ging um gesellschaftliche Kontrolle sämtlicher ästhetischer Entscheidungen. Man wollte daher solche Entscheidungen nicht dem einzelnen überlassen, bestand doch die Gefahr, daß zufällig sozialismus-

other hand, did strike a new note. Be that as it may, by the time design had been classified as applied art, defined art as an ideological tool and the new, autonomous "path" proclaimed, progressive trends in design had already passed East Germany by.

Many intellectuals of the Bauhaus movement, including Gropius, Mies van der Rohe, Albers and others, had fled from Nazi Germany to the USA. The leading "industrial designers", such as the great Raymond Loewy, who developed effective rationalisation and improvements in operational comfort, were not residing by the Spree or even by the Moskowa, but on the Hudson River. A fact conveniently and deliberately overlooked.

Ornamentation as a weapon

There is famous text by Adolf Loos called "Ornamentation and Crime"[22], which became the rallying cry of the functionalists. The reverse now applied:
"Together with language, ornamentation, decoration and fabric patterns are an important means of national differentiation". The new slogan was "socialist in content, national in form". Formalism "constituted an attack on the national culture in the interests of cosmopolitanism and the warmongering policies of American imperialism"[23].

At issue here was the social control of all aesthetic decisions. Thus the intention was to leave none of the decisions to the individual. This would pre-empt the danger of anti-socialist forms.

So modular furniture was put to the sword. "If the user is free to do what he wants with them, free to arrange the constituent parts as he pleases, the proportions of the assembled pieces will change in an uncontrollable and artistically unacceptable manner and the underlying intellectual idea will become unclear and elude social control"[24].

This aesthetic stringency has its own German traditions and was kept alive by the Bauhaus emigrés in the USA[25].

East Germany, however, went as far as to

l'influence américaine en Allemagne sur le plan économique, politique et idéologique (artistique), l'art allemand ne peut se développer librement selon les critères de l'ensemble du territoire national«[21].

Cette déclaration comportait deux messages essentiels: l'art a une mission idéologique. Ce n'était pas nouveau. Mais elle s'attaquait surtout aux USA et concernait toute l'Allemagne, Est et Ouest. Après que le design fut classé parmi les arts appliqués, que l'art fut déclaré outil idéologique et qu'une voie personnelle fut proclamée, la RDA avait gâché une chance: celle de se rattacher aux progrès du design. En effet, les figures de proue du Bauhaus Gropius, Mies van der Rohe, Albers etc. avaient émigré aux USA pour fuir le nazisme. Les dessinateurs industriels compétents tels que le grand Raymond Loewy, qui développèrent de réelles mesures de rationalisation et des améliorations de la manipulation, travaillaient au bord de l'Hudson et non de la Sprée ou de la Moskova. Mais évidemment, personne ne voulait et ne devait le voir.

L'ornement en tant qu'arme

Il existe un texte célèbre d'Adolf Loos: »L'ornement est un crime«[22], une devise des fonctionnalistes. En RDA, la démarche était inverse:
»En dehors de la langue, les ornements, les décors et les dessins tissés sont un moyen essentiel de différenciation nationale« et ils sont «socialistes par leur contenu et nationaux par leur forme«. Telles étaient les principales maximes. Le formalisme »consistait en l'attaque de la culture nationale dans l'intérêt du cosmopolitisme et de la politique offensive de l'impérialisme américain«[23].

Il existait une volonté de contrôle social de toutes les décisions esthétiques. Par conséquent, il ne fallait pas laisser ces décisions aux mains de l'individu car on craignait la naissance de combinaisons et de formes hostiles au socialisme.

Le couteau se tourna, entre autres, contre l'ameublement à assemblage individuel.

feindliche Kombinationen und Formen entstanden.

So wandte sich das Schwert auch gegen die Baukastenmöbel. »Wenn der Benutzer mit ihnen machen kann, was er will, die Teile so oder so zueinander ordnen kann, ändern sich die Proportionen der zusammengestellten Teile in nicht mehr kontrollierbarer, künstlerisch nicht vertretbarer Weise, der Ideengehalt wird uneindeutig und entzieht sich der gesellschaftlichen Kontrolle«[24].

Diese ästhetische Striktheit hat eine eigene deutsche Tradition und lebte mit den Bauhaus-Emigranten in den USA weiter[25]. In der DDR beabsichtigte man jedoch, den Nutzern erst gar keine Chance zu geben, sich kreativ zu betätigen, denn Individualität bringt Unordnung und entzieht sich der gesellschaftlichen Kontrolle.

Die ganze Formalismusdiskussion stellte sich als eine Seifenblase heraus, als es an die harten Wirtschaftsfakten ging. Diese Diskussion hatte sich nur so lange halten können – für Formgestaltung und Innenarchitektur –, wie die DDR-Wirtschaft auf den inneren Markt gerichtet war, und die Gefahr nicht bestand, daß mit dem »Gewinn an nationalem Kulturerbe der Verlust an Exportchancen verbunden war« [26].

Die nationale Form landete auf dem Müllhaufen des Ideologieabfalls. Im Westen bemerkte man das hämisch in der Industriedesign-Zeitschrift form: »Überwunden, aber gewiß nicht vergessen sind die heftigen Attacken anläßlich der V. Deutschen Kunstausstellung Dresden 1962, wo man den Formgebern der Zone bürgerliche Dekadenz, kalten Ästhetizismus und ideologische Unklarheiten vorwarf.« Doch wie immer heiligt der Zweck die Mittel: »...der ideologische Widerstand gegen versachlichte Formen scheint aufgegeben zugunsten des erhofften Exporterfolges« [27]. Im selben Jahr wurde das Bauhaus ideologisch rehabilitiert und die Renovierungsarbeiten am Bauhausgebäude in Dessau geplant.

Es war allerdings in vielerlei Hinsicht zu spät. Mauerbau und die Funktionalistenhatz in den 50er Jahren hatten die kreativen Kräfte trockengelegt und zum Schwei-

deny the user the opportunity of applying his own creativity – adhering to the view that individuality leads to disorder and evades social control.

The whole formalism debate collapsed when faced with hard economic facts. In terms of design and domestic architecture, it could be sustained for as long as the East German economy was geared towards the requirements of the domestic market and there was no danger that the "gaining of a national heritage could lead to a decline in export opportunities"[26].

The national form was dumped on the ideological refuse heap. The West responded with a gloating article in the industrial design magazine form: Gone, if not forgotten, are the sharp attacks launched during the 5th German Art Exhibition in Dresden 1962, when designers in the Soviet zone were accused of displaying "a bourgeois decadence, cold aestheticism and a lack of ideological clarity." But as always the end justified the means: "The ideological resistance to objectified form seems to have been abandoned in favour of the prospect of greater export opportunities"[20]. In the same year Bauhaus underwent an ideological rehabilitation and renovations for the Bauhaus building in Dessau itself were planned.

It was, however, in many respects too late. The building of the Wall and the campaign against the functionalists in the 50s had stifled creative energy. The decline into the ideologically and economically determined schizophrenia in design could no longer be halted.

The theorists were forced to acknowledge this fact and confess to their own failure, albeit in terms which still upheld the officially ordained euphoric vision of the future.

In an editorial published in the industrial design magazine form und zweck (Form and Function), the new position was that "the theory and the aesthetics of industrial design are still in their infancy"[28].

The formalism debate had in part excluded technical consumer goods, since hair-dryers and toasters had no national tradition on which they could draw. As such, design

»Si l'utilisateur en fait ce qu'il veut, s'il peut agencer les parties de diverses manières, les proportions des éléments assemblés se modifient d'une façon incontrôlable et difficile à soutenir sur le plan artistique, les idées contenues ne sont plus évidentes et se soustraient au contrôle social«[24].

Cette rigueur esthétique a une propre tradition en Allemagne. Elle continua d'être soutenue par les émigrés du Bauhaus aux USA[25]. En RDA, l'intention poursuivie était cependant de ne laisser aux utilisateurs aucune chance d'être créatifs car l'individualité est source de désordre et échappe au contrôle de la société.

La discussion relative au formalisme s'avéra n'être qu'une bulle de savon face aux purs et simples faits économiques. Dans le domaine du design et de l'architecture intérieure, cette discussion ne put se maintenir qu'aussi longtemps que l'économie est-allemande s'orientait vers le marché intérieur et que le danger suivant, à savoir »développer le patrimoine culturel national impliquait la perte des chances d'exportation«, n'existait pas[26].

La forme nationale atterrit sur le tas de détritus des déchets de l'idéologie. A l'Ouest, ce phénomène a suscité des commentaires sarcastiques dans la revue de design industriel form: »Les violentes attaques exprimées lors de la 5e exposition d'art allemand à Dresde en 1962 où l'on reprochait aux designers de la ›zone‹ d'occupation soviétique (la RDA) une décadence bourgeoise, un esthétisme froid et des confusions d'ordre idéologique, étaient certes surmontées, mais pas oubliées.« Toutefois comme la fin justifie les moyens: »...la résistance idéologique contre les formes stylisées semble abandonnée au profit des succès espérés dans l'exportation«[27]. La même année, le Bauhaus fut réhabilité.

A maints égards, il était cependant trop tard. La construction du mur et la persécution des fonctionnalistes dans les années 50 avaient épuisé les forces créatrices et les avaient réduites au silence. Il n'était plus possible d'enrayer la progression d'une schizophrénie de la création conditionnée par l'idéologie et provoquée par les

gen gebracht. Der Weg in die ideologisch bedingte und wirtschaftlich erzwungene Schizophrenie der Gestaltung war nicht mehr aufzuhalten. Auch die Theorie selbst mußte das feststellen und ihr Versagen, wenn auch in offizielle Zukunftseuphorie verkleidet, eingestehen.

In einer redaktionellen Note der Industriedesignzeitschrift *form und zweck* wurde 1965 konstatiert: »Die Theorie und die Ästhetik der Industrieformgebung befinden sich erst in der Entstehung«[28].

An den technischen Konsumgütern war die Formalismusdiskussion zum Teil vorbeigegangen, denn Fön und Toaster hatten keine nationale Vergangenheit, auf die man sich berufen konnte. Insofern war auch die Gestaltung an ihnen vorbeigegangen. »In den (. . .) fünfziger Jahren gestalteten Arbeiter und Ingenieure, wohl oft im Kollektiv, die mehr oder weniger komplexen Konsumgüter technischer Struktur«[29], und ». . . die anonymen Gestalter waren gewiß ahnungslos in Fragen des nationalen Kulturerbes«[30].

Die Diskussion verlagerte sich in eine scholastische Utopie. An den Gestalter wurde zusehends ein Anspruch gestellt, der weit jenseits der realen Gegenstände lag und diese als Vehikel für ein didaktisches Programm sah: »Die Hauptaufgabe des Gestalters in der sozialistischen Gesellschaft ist es (. . .) an der Förderung der sozialistischen Lebensweise und der Entwicklung sozialistischer Persönlichkeiten mitzuwirken«[31].

Inzwischen gab es aber schon eine Unzahl von Dingen, die die Entwurfsspuren von im ästhetischen Sinne völlig unsystematisch denkenden Menschen aus den Betrieben trugen. »Aus diesen Jahren gibt es für technische Konsumgüter nur Fragmente gestalterischer Programmatik, sie stammen von Ingenieuren«[32]. Die Richtlinien der Ingenieure orientierten sich aber an der »Minimalform«[33]. Diese Minimalform, eine optimierte Reduktion ohne das ästhetische Gefühl des Funktionalismus, prägte entscheidend das Gesicht der DDR. Nach Vermutungen sind in dieser Zeit zwei Drittel der technischen Konsumgüter ohne Formgestalter in den Betrieben entstanden.

passed them by. "During the Fifties, workers and engineers designed – often collectively – technically complex consumer goods"[29]; and "these anonymous designers certainly knew nothing about the national cultural heritage"[30].

The discussion then focussed on an intellectual utopia. Designers were increasingly expected to incorporate an ideal, which transcended the real world of objects, viewing objects merely as a vehicle for a didactic programme. "The chief task of the designer in a socialist society is to contribute to the development of the socialist lifestyle and of the socialist character"[31].

The countless objects now emerging from the factories bore witness to the unsystematic minds unsuited to the aesthetic demands of the design process. "During this period there was only a fragmentary programme for technical consumer goods, evolved by engineers"[32]. Engineers were designing GDR products, then – though their ideas obeyed the requirements of "minimal form"[33].

This minimal form, a reductive streamlining without the aesthetic feeling of functionalism, had a decisive influence on the face of the GDR. It has been speculated that during that time, two-thirds of consumer goods produced in the factories were developed by non-professional designers.

After hopes of a national heritage had finally been dashed, designers then turned their attention to Western product design and to products capable of competing on world markets. Suddenly the unified, organic form was unleashed upon a totally unprepared world of design. This was that very "industrial design" which had evolved in the USA since the 1930s and had hitherto been rejected: streamlined forms and soft contours.

"Purging your lines" became the slogan of the day. This involved increasing the range of products whilst avoiding kitsch. The surviving functionalists surfaced once again and, having been proved right all along, were now able to radically reshape the programme. The "Great Clear-Out" had begun.

The theorists had first tried to eradicate foreign influences. Now they gave their

exigences économiques. Les théoriciens même durent accepter ce phénomène comme un état de fait et avouer leur échec, même si, officiellement, ils les masquèrent d'une euphorie de l'avenir.

Dans une note rédactionnelle de la revue de design industriel *form und zweck*, on pouvait lire en 1965: »La théorie et l'esthétique du design industriel n'en sont qu'à leurs débuts«[28].

La controverse sur le formalisme avait en partie négligé les biens de consommation techniques, car le sèche-cheveux et le toaster n'avaient pas de passé national auquel on pouvait se référer. Vue sous cet angle, la création les avait également laissés de côté. »Dans les années cinquante, ouvriers et ingénieurs, certes souvent réunis en équipe, créaient des biens de consommation plus ou moins complexes à structure technique«[29] et ». . . les designers anonymes ignoraient certainement les questions de patrimoine culturel national«[30].

La discussion glissa vers une utopie scolastique. Ce qu'on exigeait des concepteurs dépassait largement le contenu des objets réels et ces créateurs étaient visiblement utilisés comme véhicules d'un programme didactique: »La tâche essentielle du concepteur dans la société socialiste est (. . .) de contribuer à la promotion du mode de vie socialiste et au développement de personnalités socialistes«[31]. Entre-temps, il existait cependant une foule d'objets portant les traces des personnes travaillant en entreprise, dont le mode de pensée était entièrement dénué de système, au sens esthétique du terme. »Les biens de consommation techniques de ces années-là ne comportent que des fragments des programmes de création, ils ont été conçus par des ingénieurs«[32]. Les ingénieurs étaient donc les concepteurs des produits. Mais leurs critères s'orientaient sur la »forme minimale«[33].

Cette forme minimale visant à une réduction optimisée sans la touche esthétique du fonctionnalisme a fortement marqué le visage de la RDA. On estime qu'à cette époque-là, les deux tiers des biens de consommation techniques ont été conçus sans designers dans les entreprises.

PLASTE
UND
ELASTE
AUS
SCHKOPAU

Nachdem die Hoffnung auf ein nationales Erbe begraben war, richtete sich die Entwurfshaltung auf weltmarktfähige Produkte, und der Blick fiel auch auf Produktgestaltung im Westen. Plötzlich bricht die geschlossene, organische Form in die Formenwelt ein, praktisch ohne Vorbereitung. Das war nun exakt das »industrial design«, das in den vorher verteufelten USA schon seit den 30er Jahren entwickelt worden war: Stromlinienform, weiche Linie. Sortimentsbereinigung wurde zum Schlagwort. Es ging um die Aufstockung des Warenangebotes bei gleichzeitiger Ausschaltung von Kitsch. Die noch übriggebliebenen Funktionalisten tauchten wieder an der Oberfläche auf und konnten nun, als die, die es schon immer gewußt hatten, in der Programmatik herumwüten. Die »Phase des Abräumens und Saubermachens« begann.

Nachdem man zunächst versucht hatte, die ausländischen Einflüsse auszumerzen, konzentrierte man sich nun auf die Ergebnisse der eigenen Arbeit und analysierte sie. Nun wurde den Formgestaltern die Schuld in die Schuhe geschoben. »Die überforderte Formgestaltung schien schuld an einem Dilemma, das nicht durch sie, sondern durch übertriebene Forderungen ihr gegenüber verursacht war.«[34] Die Anforderungen an die Formgestalter stiegen gewaltig, und eine »Gestaltungswelle rollte über Töpfe, Bestecke, Beschläge und einfaches Küchengerät«.[35]

Chemie bringt Schönheit

In der DDR heißt Plastik Plast. Das heute so charakteristische Plastdesign der DDR, vom Eimer bis zum PKW Trabant mit seiner Kunststoffkarosserie (Abb. S. 34/35), geht in weiten Teilen schon auf die Chemiekonferenz von 1958 zurück. Es wurde beschlossen, daß die DDR zum »Finalproduzenten« des russischen Erdöls werden sollte, um den gesamten Ostblock mit Plastprodukten zu versorgen. Alles, vom Eierbecher bis hin zur ganzen Küche, wird nun aus Plast angeboten.
Viele dieser Produkte, die stets billig ange-

attention to analysing the results of their own work. And it was the turn of designers to stand in the firing line. "We had expected too much of designers. They appeared responsible for a dilemma not of their own making, a dilemma caused by the excessive demands made upon them"[34]. The ensuing "designer-wave" extended to pots, cutlery, covering material and kitchen appliances"[35].

Chemistry creates beauty

In East Germany plastic is called "plast". Today's characteristic "plast" design in the GDR, ranging from buckets to the Trabant car with its plastic chassis (p. 34/35) can be traced back to the Chemistry Conference of 1958. The conference resolved that the German Democratic Republic was to become the "final producer" of Soviet oil and to supply the whole Soviet bloc with plastic products. Everything from egg-cups to kitchen units was to be available in plastic.
Many of these cheap products can still be found among the range of goods on sale in GDR shops today. The Italian designer Allessandro Mendini has said that the distinction between the real and the unreal became distorted in plastic, and "can assume an infinite number of different forms in the absence of an intrinsic identity"[36]. This amorphous material has become a symbol of the increasing anonymity of society. "... plastics are perhaps more than any other material exactly what the designer makes them"[37].
In the light of the didactic ideals of GDR design during this period, this material appears in retrospect to have been tailor-made for an ideology which aimed to create the "New Individual".
The state slogan was now "Chemistry Creates Beauty". One particularly distinguishing feature of these plastic designs is their totally smooth surface. The simplicity of the surface is not wholly attributable to a lack of design expertise, but is a programme in its own right.
The East German designer Horst Michel, Director of the Institute for Interior Design

Une fois que l'espoir d'un héritage national fut enterré, il se produisit un changement d'attitude. Il fallait fabriquer des produits commercialisables sur le marché mondial. Le design s'orienta aussi sur les produits de l'Ouest. La forme organique compacte fit alors irruption dans le monde des formes, pratiquement sans phase préparatoire. Il s'agissait exactement de l'»industrial design« qui s'était épanoui dès les années 30 aux USA auparavant rejetés: formes aérodynamiques, lignes douces.
La sélection rigoureuse de l'assortiment devint la devise. L'heure était à la croissance de l'offre parallèlement à l'élimination du kitsch. Les fonctionnalistes qui avaient subsisté resurgirent à la surface et purent s'ébaudir en agissant sur le programme en tant que designers qui avaient toujours su où était le juste chemin. La »phase du déblaiement et du grand nettoyage« commençait.

Après avoir tenté dans un premier temps de supprimer les influences étrangères, on se concentrait désormais sur les résultats de son propre travail et on les analysait. C'est alors qu'on reporta la faute sur les designers. »Le design à bout de souffle semblait coupable d'un dilemme provoqué non seulement par lui-même, mais aussi par le caractère abusif des performances que l'on attendait de lui.«[34] Les designers furent confrontés à des exigences croissantes et une »vague de création s'abattit sur les casseroles, les couverts, les ferrures et les ustensiles de cuisine«[35].

La chimie au service de la beauté

En RDA, le plastique s'appelle »plast«. Le design des objets en plast, qui s'étend du seau à l'automobile Trabant connue par sa carrosserie en matière synthétique, remonte en grande partie à la Conférence de la chimie en 1958. Il y fut décidé que la RDA deviendrait le »producteur final« du pétrole soviétique afin d'approvisionner les pays du bloc de l'Est en produits fabriqués en plastique. Du coquetier aux meubles de cuisine, tous les produits offerts seront désormais en »plast«.

boten wurden, finden sich noch heute in den Sortimenten der DDR-Läden. Vom Plastik sagt der italienische Designer Allessandro Mendini, daß es die Grenzen zwischen Echtem und Unechtem am meisten verwischt und »aufgrund seiner Identitätslosigkeit unendlich viele Gestalten annehmen kann«[36]. Dieses identitätslose Material wurde zum Zeichen einer zunehmend identitätslosen Gesellschaft. »Plastik ist vermutlich mehr als jedes andere Material genau das, was der Designer aus ihm macht«[37].

Im Lichte des didaktischen Anspruchs des DDR-Designs jener Tage wirkt dieses Material im nachhinein wie geschaffen für eine Ideologie, die sich die Formung des »Neuen Menschen« vorgenommen hatte. Der staatliche Slogan dazu war: »Chemie bringt Schönheit«. Besonders charakteristisch an den Plastentwürfen ist, daß sie sich durch absolute Glätte auszeichnen. Diese Schlichtheit der Oberfläche geht nicht auf Unfähigkeit zur Gestaltung zurück, sondern ist selbst Programm. Der Designer Horst Michel, Direktor des Instituts für Innengestaltung an der Hochschule Weimar, hatte schon 1959 verlautbart: »Da Kunstleder längst als wertvoller Werkstoff mit ganz spezifischen Vorzügen bekannt ist, gibt es keinen plausiblen Grund dafür, ihn durch falsche Oberflächenstrukturierung zur Imitation von zum Teil weniger wertvollen Stoffen zu machen«[38].

Damit ist das Programm der aufrechten Schlichtheit ausformuliert. Das Gegenargument, daß man mit Kunststoffen, gerade weil sie keine spezifische Oberfläche haben, die verrücktesten Dinge machen kann, wurde nicht erhoben.

»Besonders ab Mitte der 60er Jahre gehen Formgestalter in Betriebe, für die sie als Studenten schon entworfen hatten. Formgestaltung etabliert sich als Bestandteil der Produktentwicklung im Werkzeugmaschinenbau, bei Textilmaschinen, in der Industrieautomatisierung und in der Medizintechnik«[39]. Es scheint, als ob die Formgestaltung plötzlich die Umlaufbahn der Konsumgütergestaltung völlig verläßt und sich nur noch den Investitionsgütern widmet.

in Weimar (Institut für Innengestaltung), had already stated in 1959 that "since imitation leather has long been recognised as a valuable material with quite specific qualities, there is no plausible reason to use it to imitate less valuable materials by giving it the wrong surface appearance"[38]. Thus the programme of pure simplicity was launched. And no one argued that the most outlandish things can be done with plastic, by virtue of the absence of a characteristic surface.

"From the mid-60s onwards, designers increasingly went into the factories where they had designed as students. Design established itself as part of the product development in the machine-tool industry and in the areas of textile machinery, industrial automation and medical technology"[39]. It seemed as if design had suddenly turned its back on consumer goods, devoting itself instead to the development of capital goods.

Aujourd'hui encore, on peut trouver un grand nombre de ces produits bon marché. Le designer italien Allessandro Mendini affirme que le plastique est le plus apte à atténuer les limites entre le véritable et l'imitation et qu'»en raison de son absence d'identité, il peut prendre les formes les plus diverses«[36]. Ce matériau sans identité devint le signe distinctif d'une société de plus en plus dénuée d'identité, elle aussi. »On peut supposer que plus que tout autre matériau, le plastique est exactement ce que le designer en fait«[37].

Ce matériau semble fait, du point de vue actuel, pour une idéologie qui se proposait de façonner »l'homme nouveau«. Le slogan national correspondant était: »La chimie au service de la beauté«. Une propriété caractéristique du plast est de permettre d'obtenir des objets absolument lisses. Cette simplicité de la surface ne tient pas à l'incapacité du designer, mais elle est un programme en soi. Horst Michel, directeur de l'Institut d'architecture intérieure à l'académie de Weimar, avait déclaré dès 1959: »Etant donné que le cuir artificiel est connu depuis quelque temps déjà comme matériau de valeur aux avantages très spécifiques, il n'existe pas de raison plausible de le transformer, par une fausse structuration de la surface, en une imitation de matériaux en partie moins précieux«[38].

Une telle déclaration résumait le programme de la simplicité loyale. L'argument contraire, selon lequel on peut réaliser les choses les plus extravagantes avec les matières synthétiques, précisément parce qu'elles n'ont pas de surface spécifique, ne fut pas avancé.

»C'est notamment à partir de la moitié des années 60 que les designers allèrent dans les entreprises pour lesquelles ils avaient déjà conçu des produits alors qu'ils étaient étudiants. Le design s'impose alors comme une partie intégrante du développement des produits dans le secteur de la construction de machines-outils, des machines textiles, dans l'automatisation de l'industrie et en technique médicale«[39]. Il semble que le design et ne se consacre plus qu'aux biens d'investissement.

P.24
Neon-Display an der Berliner Autobahn
Neon display on the Autobahn to Berlin:
Plastics from Schkopau
Publicité néon au bord de l'autoroute conduisant à Berlin:
Matières plastiques de Schkopau

Produkte im Kälteschlaf

Die ästhetische Gestalt der Konsumgüter wird in weiten Teilen eingefroren und vernachlässigt. Sie wirken nur noch wie Randerscheinungen, schaut man in die offizielle Geschichte des DDR-Designs. »Die Sechste [Deutsche Kunstausstellung 1967] zeigt, daß die Entwicklung endlich zur Gestaltung an der Basis weiterschreitet, wo der Mensch seine Welt und sein besseres Leben real erschafft: Zur Gestaltung der Produktionsgeräte aller Art.«[40].

Die Werkzeugmaschinen und Laboranlagen, Baufahrzeuge und Präzisionsfräsen schwärmten auf den Exportmarkt aus, während zu Hause in den Regalen schlierige Plastiktöpfchen und Rundfunkgeräte mit wackeligen Knöpfen dominierten.

Die Evolution der Waren wurde wie durch ein Dekret von oben geradezu gestoppt. Das Konsumgüterdesign bewegte sich wie in Zeitlupe neben der rasenden Gestaltungsdynamik im Westen. Es wurde zu einem Reservat, in dem Produktformen, die im Westen langsam abstarben, wie im Kälteschlaf müde weitermutierten.

Der Baukasten war plötzlich wieder da: im Investitionsgüter-Design, bei Großrechenanlagen. Diese Anlagen werden laut der theoretischen Untermauerung aber nicht als Anlagen entworfen und gebaut, sondern als Arbeitsplätze.

Sie folgen einem Entwurfsansatz, der einen Ausdruck erzeugt, welcher »... eigenständig gegenüber vergleichbaren Anlagen von IBM, Siemens oder General Electric war, weniger auf das Firmenimage und mehr auf den Arbeitsplatz orientiert.«[41]. Soweit die offizielle Interpretation. Diese Anlagen, die den westlichen Anlagen wie ein Ei dem andern gleichen, mit solch einer fadenscheinigen Argumentation abgrenzen zu wollen, deutet die absolute Kapitulation des »Sozialistischen Designs« an.

Der Funktionalismus wurde indes in der Theorie wiederbelebt, nicht zuletzt bestärkt durch die Forschungen im Bereich des Funktionalismus, die an der Hochschule für Gestaltung in Ulm stattgefunden hatten. Die Schließung der 1949 gegründeten Hochschule wurde unter etwas zweifel-

The time warp factor

The aesthetic design of consumer goods has been trapped in a time warp and neglected. Today they merit nothing more than a footnote in the official history of East German design. "The 6th German Art Exhibition in 1967 demonstrates that the development is finally progressing towards design at grass-roots level, where man creates his real world and a better life – that is, the design of all types of production machinery"[40].

Machine tools and laboratory plants, construction vehicles and precision mills flooded onto the export markets, whilst at home streaky plastic pots and radios with faulty knobs were the order of the day.

As if by divine decree, the evolution of commodity goods was slowed down, even stopped. Compared to the spectacular dynamism of Western design, consumer goods design moved as if in a trance. It became a time-warp zone in which product forms, now obsolescent in the West, could continue to mutate in some frozen limbo.

Prefabricated building elements suddenly came into fashion once more in the design of capital goods and mainframe computer plants. The underlying theory dictated that the plants were not to be designed and built as plants, but as places of work.

This derives from an approach to design which "unlike comparable plants at IBM, Siemens and General Electric, was less orientated towards the company image and more towards the place of work"[41]. That is the official interpretation. But they were absolute replicas of their Western counterparts; and the attempt to justify these plants with such spurious arguments signifies the bankruptcy of "socialist design".

The revival of functionalist theory was due in no uncertain measure to the research done in this field at the Hochschule für Gestaltung (College of Design) in the West German town of Ulm. The College, which was founded in 1949, was closed by the Conservative State Government of Baden-Württemberg in 1968. The design scene, both in the East and among the left-wing

Les produits en hibernation

Le design des biens de consommation est en grande partie figé et négligé. Si l'on observe l'histoire officielle du design en RDA, ces produits ne semblent plus être que des phénomènes secondaires. »La sixième (exposition d'art allemand en 1967) montre que l'évolution de la création se poursuit enfin à la base où l'homme se fait l'artisan réel de son propre monde et d'une vie meilleure en produisant du matériel de production en tous genres«[40].

Les machines-outils et les installations de laboratoires, les engins de travaux publics et les fraises de précision essaimèrent sur le marché de l'exportation tandis que dans les étagères locales dominaient les récipients en plastique d'aspect poisseux et les appareils de radio aux boutons branlants. Comme par un décret d'en haut, l'évolution des marchandises fut freinée et même carrément stoppée. Le design des biens de consommation marchait au ralenti en opposition au dynamisme frénétique de la création à l'Ouest. Celui-là se transforma en réserve où les formes des produits, qui disparaissaient progressivement à l'Ouest, poursuivaient ici leur mutation dans la torpeur de l'hibernation.

Le système offrant la liberté d'assemblage avait soudain resurgi: dans le design des biens d'investissement, par exemple, dans celui des grands ordinateurs. Mais d'après la théorie qui étaye cette innovation, ces équipements ne sont pas conçus et construits en tant qu'installations, mais comme places de travail.

Ils répondent à une conception génératrice d'une forme qui »... était autonome vis-à-vis d'installations comparables d'IBM, de Siemens ou de General Electric et moins orientée sur l'image de marque de la société que sur la place de travail«[41]. Il s'agit là de l'interprétation officielle. La volonté de distinguer ces équipements qui ressemblent en tous points aux installations occidentales, avec une telle argumentation cousue de fil blanc, révèle la capitulation totale du »design socialiste«.

Entre-temps, le fonctionnalisme connut dans la théorie un regain de vitalité qui fut

haften politischen Bedingungen durch die konservative baden-württembergische Landesregierung im Jahre 1968 durchgeführt.

In der Design-Szene im Osten wie auch in der zusehends links orientierten fortschrittlichen Szene im Westen sah man dies als eine Bestätigung der politischen Bedeutung des Funktionalismus. Nicht wenige der Ex-Ulmer gingen Anfang der 70er Jahre ins Chile Allendes.

Die westdeutsche Designzeitschrift *form* zitierte 1969 die Ostberliner Reaktion auf die Schließung der HfG Ulm eine ganze Spalte lang kommentarlos[42]. Man kam sich näher. 1975 wurden schließlich in einem Artikel von Karin Hirdina in *form und zweck* der Funktionalismus regelrecht rehabilitiert, die Argumente gegen ihn entkräftet und seine sozialistische Ausrichtung gewürdigt. »Tatsächlich bedeutet der Funktionalismus – als Programm und Methode, nicht als Stil gefaßt – utopische Vorwegnahme einer nicht kapitalistischen Ordnung der Beziehung zwischen Mensch und gegenständlicher Umwelt. Richtig verstanden geht der Funktionalismus nicht auf im kapitalistischen System, bestätigt dieses nicht, sondern überschreitet es«[43].

Den realen Entwicklungen im Design des westlichen Funktionalismus wurde jedoch nur noch durch Imitate nachgehinkt. Es entstanden Tuschefüller mit »rotring«-Anmutung, Fernseher mit »Braun«-Anmutung, die aber die Messen nie verließen und den Handel nie erreichten.

Es entwickelte sich ein Schaufenster-Design, das wie Filmkulissen nur zum Vorspiegeln falscher Tatsachen benutzt wurde. Falls es der Existenz als Ausstellungsstück auf den Messen entkam, erreichte es zwar die Schaufenster, aber nicht mehr die Ladentheke. Die Produktionspläne waren derart falsch angelegt, daß einige Schaufenster der sozialistischen Läden in ihrer verklärten Unerreichbarkeit einen »kleinen Westen« imitierten.

Um ein üppiges Warenangebot zu suggerieren, entstanden hier außerdem seltsam ornamentale Schaufensterdekorationen. Wo es an Produktvielfalt mangelte, wurden etwa aus zwei im Überfluß vorhande-

progressive West German groups, saw this move as confirmation of the political significance of functionalism. In the early 70s, a sizeable number of former members of the Ulm College of Design left for Allende's Chile.

In 1969 the West German design magazine *form* devoted a whole column to publishing in full East Berlin's reaction to the closure of the college in Ulm[42]. The positions were converging. In 1975, an article by Karin Hirdina in *form und zweck* rehabilitated functionalism by refuting the arguments against it and by praising its socialist content. "In fact, defined as a programme and a method, not as a style, functionalism represents a Utopian vision of a non-capitalist order of relationships between Man and his environment. Strictly speaking functionalism does not work in the capitalist system. It does not affirm capitalism, it transcends it"[43].

The real developments in design in Western functionalism were, however, shadowed in the East by poor imitations. Pens that recalled the Rotring style, televisions that looked like the West German Braun originals, were developed, but never left the trade fairs and/or made it to the stores.

A style of shop window design emerged, which, like a film set, served merely to sustain an illusion. Even if the goods managed to escape from the trade fair stands, they only made it to the shop window, never the cash desk. Production targets were so unrealistic that the socialist shop-windows began to look like a "mini-West". To suggest a wide choice of goods, odd ornamental shop window decorations began to appear. The lack of variety was disguised by arranging two unpopular, yet readily available products into patterns. Less desirable products were grouped in abstract patterns around a particularly sought-after display article that was not for sale. Accustomed to the characteristic cornucopias of traditional shop windows in the West, the Western visitor is struck by a feeling of emptiness or claustrophobia on viewing these displays. Identical rows of mass-produced articles tend lose to their individuality and character.

largement soutenu par les recherches effectuées dans le domaine du fonctionnalisme à l'Académie du design d'Ulm. La fermeture de cette académie fondée en 1949 fut ordonnée dans des conditions politiques légèrement douteuses par le gouvernement conservateur du Land de Bade-Wurtemberg en 1968.

Dans la scène du design de l'Est comme dans la scène progressiste et de tendance manifestement gauchiste de l'Ouest, on interpréta cet acte comme une confirmation de la signification politique du fonctionnalisme. De nombreux designers de l'académie fermée partirent au Chili d'Allende au début des années 70.

En 1969, la revue de design ouest-allemande *form* cita, sans commentaires, la réaction des Berlinois de l'Est à la fermeture de l'Académie du design d'Ulm, sur une colonne entière[42]. Les positions se rapprochaient. En 1975, dans un article de Karin Hirdina publié dans *form und zweck*, le fonctionnalisme fut bel et bien réhabilité, les arguments avancés contre lui réfutés et son orientation socialiste honorée. »Le fonctionnalisme, conçu comme programme et comme méthode et non pas en tant que style, représente effectivement une anticipation utopique d'un ordre capitaliste des rapports entre l'homme et les objets de son environnement. S'il est bien compris, le fonctionnalisme ne fonctionne pas dans le système capitaliste, il ne le confirme pas mais le dépasse«[43].

On essaya cependant de suivre tant bien que mal les innovations réelles accomplies dans le design du fonctionnalisme occidental, en produisant des imitations. On vit naître des stylos à encre rappelant la marque »rotring« et des téléviseurs rappelant »Braun«, mais ils ne quittèrent jamais les limites des foires-expositions et n'atteignirent jamais le commerce.

Un design de vitrines se développa, un design qui, tel des coulisses de film, ne fut utilisé que pour refléter des faits mensongers. S'il échappait au sort exclusif d'objet d'exposition dans les foires, il atteignait peut-être les vitrines, mais ne parvenait jamais jusqu'au comptoir d'un magasin. Les plans de production étaient si erronés

nen, aber wenig gefragten Produkten volu- minöse Auslagen arrangiert. Oder um ein besonders begehrtes, jedoch nur als Aus- stellungsstück vorhandenes Produkt wur- den in kreisförmigen Mustern weniger be- gehrte Produkte als abstraktes Ornament gruppiert. Das Füllhorn der unterschied- lichsten Dinge gewohnt, die das herkömm- liche Schaufenster im Westen prägen, empfand der Westbesucher stets ein Ge- fühl der Leere, der Beklemmung beim An- blick dieser Auslagen. Die seriell wieder- holten Produkte hoben sich im Grunde in ihrer Bedeutung gegenseitig auf.

Die sozialistische Kaffeetasse

Die Phase der »Großen Theorie« und des »Heroischen Modells« hatte begonnen. Weder das Produkt selbst noch der Unter- schied zwischen kapitalistischer und sozia- listischer Produktion waren nunmehr Ge- genstand der Betrachtung, sondern die je- weilige Beziehung des Produktes zu Um- welt und Konsument.

»Die sozialistische Kaffeetasse, ironischer Ausdruck für sozialistische Spurensuche an der Oberfläche der Dinge, war damit passé.«[44]. Die Diskussion beschäftigte sich im weiteren vorrangig mit Beziehun- gen, mit den leeren Räumen zwischen un- terversorgtem Verbraucher und nicht vor- handenem Produkt. Das Design verab- schiedete sich weitgehend vom Objekt. Selbst das Wort wurde aufgelöst. Der DDR-Designer Dr. phil. Horst Oelke defi- nierte 1982 die »Visualisierung der Funk- tionen eines Gebrauchswertkomplexes (Designobjekt)«[45] als historisch neuartige Aufgabe.

Die gehegte sozialistische Formgestaltung für Konsumgüter hatte sich damit aus der internationalen Geschichte verabschiedet und hatte endgültig ihren Bankrott erklärt. Die Produkte, die wie Chamäleons die ent- sprechenden Westprodukte am treffend- sten imitierten, waren die Renner im Sorti- ment. Die »Sozialistische Entwurfshal- tung« war sehr fraglich geworden, und die Diskussion wurde in Theoriezirkeln ge- führt, denen es an den vielfältigen prakti-

The socialist coffee cup

The Phase of the Great Theory and the Heroic Model had been ushered in and given a theoretical framework. The product itself was removed from centre-stage, as were the differences between the capital- ist and socialist manufacturing industry. Now, the relationships between the individual products and the environment and between the product and the consu- mer excited attention.

"'The socialist coffee cup', the ironic catch- phrase describing socialism's ideological preoccupation with the physical surface of things, was now passé"[44]. The debate now centred primarily on relationships and on the void separating the consumer and the unavailable product he desired. Design became increasingly remote from the ob- ject. Even language was abandoned. In 1982, East German designer Horst Oelke defined the "visualisation of the functions of a design object"[45] as a new and historic challenge.

Socialist commodity design, sheltered and cut off from international trends, finally de- clared itself bankrupt. Chameleon pro- ducts that faithfully imitated their counter- parts in the West were the most sought- after articles on the market. The "socialist approach to design" was seriously challenged in the theoretical debate raging in the rarified circles of academia, where the varied, practical and experimental ex- perience which had constantly stimulated Western design was absent.

We are accustomed in the West to a stead- y flow of new products, models and de- signs. The speed of Western visual percep- tion is incompatible with the speed of pro- duction in the East. Our visual senses are saturated, as is the consumer goods mar- ket. The flow of images and new ideas clearly runs from the West to the East. Western goods are pumped via the media into the GDR where they percolate into the minds of the population. Until recently, the East Germans were like little children flat- tening their noses longingly against the shop-window. Yet all they could lay their hands on were obsolete imitations.

que quelques vitrines se métamorphosè- rent en un »petit Occident« inaccessible et d'un autre monde.

En outre, afin de suggérer une abondance en marchandises, on vit apparaître des dé- corations de vitrines à l'ornementation étrange. Quand la production manquait de diversité, deux articles abondants mais peu demandés étaient choisis pour réaliser un étalage très chargé. Dans un autre cas, un produit très convoité mais disponible seulement comme objet d'exposition était mis en valeur par d'autres articles moins recherchés et groupés autour de lui à titre d'ornement abstrait. Le visiteur de l'Ouest, habitué à la corne d'abondance des choses les plus diverses, éprouvait toujours un sentiment de vide et d'oppression en re- gardant ces étalages.

La tasse à café socialiste

La phase de la grande théorie et du modèle héroïque s'était amorcée. Désormais, la ré- flexion ne porte plus sur le produit lui- même ni sur la différence entre production capitaliste et production socialiste, mais elle a pour objet les rapports du produit avec l'environnement et le consomma- teur.

»La tasse à café socialiste, expression iro- nique de la recherche socialiste d'em- preintes à la surface des choses, faisait donc partie du passé«[44]. Les préoccupa- tions se concentraient dorénavant sur les relations, sur les espaces vides entre le consommateur mal approvisionné et le produit brillant par son absence. Le design devenait de plus en plus étranger à l'objet. On alla jusqu'à supprimer le mot. En 1982, le designer est-allemand Horst Oelke, doc- teur en philosophie, définissait la »visuali- sation des fonctions d'un complexe à va- leur utilitaire«[45] comme une tâche histori- quement nouvelle.

Ce faisant, le design socialiste des biens de consommation, dans lequel on avait placé tant d'espoirs, s'était coupé de l'histoire internationale et avait définitivement dé- claré faillite. Les produits qui, comme des caméléons, imitaient le mieux les produits

schen Experimentierfeldern fehlte, die das Design im Westen auf Trab hielten.

Im Westen sind wir an die Entstehung von ständig neuen Gütern, Formen und Mustern gewöhnt. Wir »Westler« haben eine Geschwindigkeit des Sehens, die mit der Entwicklungsgeschwindigkeit der Produkte im Osten nicht übereinstimmt. Unsere Wahrnehmung ist übersättigt wie unser Konsumgütermarkt. Das Ungleichgewicht der Bilder, der Strom der Neuigkeiten geht eindeutig von West nach Ost. Was hier entsteht, ergießt sich durch die Medien in die DDR, versickert dort in den Köpfen. Die DDR-Bürger konnten bis vor kurzem nur wie Kinder die Nase an der Scheibe plattdrücken. Was sie in den Händen hielten, war immer nur Imitat und hinkte hinterher. So wie für uns in der Bundesrepublik noch in den 60er Jahren schlichtweg alles Amerikanische mit einem bestimmten Sex-Appeal behaftet war, wie Straßenkreuzer und Hamburger das Nonplusultra des Erstrebenswerten zu sein schienen, DKW oder VW-Variant nur »müde Schüsseln« gegen Buick oder Plymouth waren, so sind heute Wartburg und Club Cola für den DDR-Bürger nur Dinge zweiter Klasse, das eigene Leben oft nur ein Imitat des »echten Lebens« im Westen.

In diesen Produkten herrscht aber, wie der Design-Manager Matthias Dietz in einem Interview für den Süddeutschen Rundfunk sagte, »... eine Sinnlichkeit – und sie haben in ihrer Einfachheit etwas, das bei uns verlorengegangen ist. Das ist nicht unbedingt unsere Zukunft, aber es ist sicherlich eine Quelle der Inspiration, die wir bislang nicht wahrgenommen haben«[46].

Die Hauptaufgaben einer Produktpackung definiert der Design-Historiker Edward Lucie-Smith folgendermaßen: »Die Aufgabe einer Verpackung besteht nicht nur darin, das Produkt erkennbar zu machen und eine spezifische Großhändler- und Händlerbeziehung zu entwickeln, sondern auch darin, in einem potentiellen Kunden angemessene Gefühle bezüglich des Produktes zu erwecken.«[47].

Bei unserem Einkauf in einer DDR-Kaufhalle fand sich ein kleines weißes Pappschächtelchen gänzlich ohne gestalteri-

The 60s in West Germany was a period in which just about everything American had a certain sex-appeal. American limousines and hamburgers seemed the ultimate goals in life. Just as domestic West German cars such as the DKW or VW-Variant were dismissed as boring old boneshakers compared to the flashy Buicks or Plymouths, the Wartburgs and the flawed Club Cola of the GDR today hold little appeal to the average East German citizen, who often sees his daily life as nothing more than a cheap imitation of the "real life" in the West.

But, as the design manager Matthias Dietz said in a radio interview: "These products possess a certain sensuous appeal – and they have, in their very simplicity, something that we have lost. They do not necessarily point towards the future, yet they undoubtedly represent a source of inspiration, hitherto neglected".[46]

Edward Lucie-Smith once defined the chief objectives of product-packaging as follows: "The purpose of packaging is not only to make the product recognizable, and to estabish a particular manufacturer or retailer's connection with it, but to generating appropriate feelings about the product in a potential purchaser"[47].

Shopping in a GDR supermarket, we chanced upon a little white cardboard box, devoid of any trace of aesthetic design, and bearing the faded inscription "Imuna" (p. 129). Further down came the following explanation: "Aid Pack. Manufactured by: VEB Fleece Textiles, Lössnitztal". The packaging did not denote any particular product. It was quite featureless, just an anonymous box. Whom and what was it intended to aid? What did it contain? An anti-design vaccine, perhaps? The contents, tampons, were not even sealed in cellophane or paper. So much for Imuna.

Anyone who has witnessed the cut-throat wheeler-dealing of the major PR and advertising agencies in the West, or the violent reactions of a so-called art director to the latest offering from his design staff, will understand the true meaning of free competition. This free competition, and the crucial role of packaging design in determining

correspondants de l'Ouest étaient les stars des marchandises vendues. L'»attitude socialiste envers le design« était devenue très contestable. La discussion à ce sujet était menée dans des cercles de théoriciens très érudits qui manquaient de champs d'expérimentation pratiques et variés, par lesquels, à l'Ouest, le design gardait son dynamisme.

A l'Ouest, nous sommes habitués au renouvellement constant des objets, des formes et des dessins. Notre perception visuelle est accoutumée à une rapidité qui ne correspond pas à celle de l'évolution des produits est-allemands. Notre perception est saturée comme notre marché des biens de consommation. Le déséquilibre des images, le flux des innovations va manifestement de l'Ouest vers l'Est. Ce qui est produit à l'Ouest se répand en RDA par l'intermédiaire des médias et s'y imprime dans les esprits. Jusqu'à récemment, les Allemands de l'Est devaient se contenter de s'aplatir le nez contre la vitrine comme les enfants. Ce qu'ils avaient en mains n'était qu'une imitation toujours à la traîne par rapport à l'original.

De la même manière que pour nous, dans la République fédérale des années 60, tout ce qui était américain était nimbé d'un certain sex-appeal, comme les grosses cylindrées et les hamburgers qui semblaient être le nec plus ultra de ce qu'on pouvait aspirer à posséder ou comme les DKW et la Variant Volkswagen qui n'étaient que des tacots poussifs par rapport à la nouvelle Buick ou la nouvelle Plymouth, les Wartburg et les Club Cola ne sont que des marchandises de deuxième classe aux yeux de l'Allemand de l'Est, et la vie personnelle n'est souvent qu'une imitation de la »vraie vie« à l'Ouest. Toutefois, comme le disait le design-manager Matthias Dietz dans une interview donnée à la station de radio »SDR«, il existe dans ces produits «... une (certaine) sensualité et dans leur simplicité, ils possèdent quelque chose qui est perdu chez nous. Cela ne représente pas forcément notre avenir, mais il s'agit sans conteste d'une source d'inspiration que nous n'avons pas encore remarquée jusqu'à maintenant« (46).

sche Spuren. Lediglich ein etwas magerer Stempel verheißt: Imuna (Abb. S. 129). In einer untergeordneten Zeile wird erläutert: Behelfspackung. Hersteller: VEB Vließtextilien Lößnitztal. – Die Packung vermittelt keinerlei Produktassoziation, keine Stimmung, sie hat sozusagen keine Farbe, sie ist eigentlich keine Produktpackung, sondern eben nur eine Behelfspackung. Wofür oder wogegen ist sie? Was beinhaltet sie? Etwa eine weitere Behelfspackung mit Namen Imuna? Eine Behelfspackung, die gegen Gestaltung immunisiert?

Der Inhalt, Tampons für die Monatshygiene, ist nicht einmal mit Folie oder Papier hygienisch versiegelt. Von wegen Imuna. Wer die Grabenkämpfe und Werbefeldzüge von großen Public-Relations-Agenturen und Grafikstudios im Westen kennt, wer schon einmal die stählerne Rute eines sogenannten Art Directors über dem neuesten Verpackungsentwurf seiner Abteilung hat herniederprasseln sehen, der weiß, was »Freier Wettbewerb« heißt. Dieser freie Wettbewerb inklusive der immensen Bedeutung des Verpackungsentwurfs im Rahmen der sogenannten »identity« des Produktes hat eine eindeutige Wurzel: die freie Konkurrenz von unzähligen, fast identischen Produkten auf einem freien Markt. Daraus erfolgt die Notwendigkeit zur Produktdifferenzierung. Das ist eine Grundregel unserer Marktwirtschaft. Betrachtet man die Produktverpackungen aus der DDR, spürt man, daß hier, viel stärker noch als im Produktdesign, eine ganz andere Sprache gesprochen wird.

the identity of the product, is based in essence on the free competition of countless almost identical products on an open market. Differentiation between the numerous products thus becomes imperative. This is a fundamental law of a market economy. But if we look at East German packaging, we become aware that here – more than in production design – a completely different language is being spoken.

L'historien du design Edward Lucie-Smith définit les tâches essentielles de l'emballage d'un produit de la manière suivante: »Le rôle d'un emballage ne consiste pas seulement à permettre d'identifier le produit et à établir une relation spécifique avec le grossiste et le détaillant, mais aussi à susciter chez le client potentiel les sentiments adéquats envers le produit.«[47].

En faisant des achats dans un supermarché en RDA, nous sommes tombés sur une petite boîte en carton blanc dénuée de toute décoration. Seule apparaissait la maigre impression d'une marque: Imuna (ill. p. 129). Une ligne plus bas figurait une explication: emballage provisoire. Fabricant: VEB Lößnitzal, une usine de textiles en ouate. Cet emballage ne pouvait être associé à un produit, il n'avait pas de caractère, pour ainsi dire, pas de couleur. Il n'évoquait pas un emballage de produit, mais effectivement un emballage provisoire. A quoi ou contre quoi devait-il servir? Que contenait-il? Un autre emballage provisoire appelé Imuna? Un emballage qui immunise contre la création? Le contenu, des tampons hygiéniques, n'était même pas emballé hygiéniquement dans du cellophane ou du papier. »Imuna« parlons-en! Celui qui connaît les combats de tranchées et les campagnes publicitaires des grandes agences de relations publiques et des ateliers d'arts graphiques à l'Ouest, celui qui a déjà vu la baguette d'acier d'un directeur artistique s'abattre sur le dernier projet d'emballage de son service, sait ce que signifie la »libre concurrence«. Cette libre concurrence, y compris l'immense importance du projet d'emballage dans le cadre de ce qu'on appelle l'»identité« du produit, provient de toute évidence de la libre concurrence des innombrables produits presque identiques présents sur un marché libre. Il s'ensuit la nécessité impérieuse de la différenciation des produits. C'est une règle fondamentale de notre économie de marché. Si l'on observe les emballages des produits de la RDA, on sent qu'une autre langue est parlée, une langue beaucoup plus forte que celle qui domine le design du produit.

Erzieherische Produktpackung

Es soll hier keineswegs der Eindruck vermittelt werden, als gebe es in der DDR nur schlechte Grafik-Designer, denn auch hier schiebt die Theorie einen Riegel vor die offene Kreativität. Die sozialistische und die kapitalistische Güterproduktion werden 1965 in einem Aufsatz in *form und zweck* von Ekkehard Bartsch dadurch unterschieden, daß es in der kapitalistischen Güterproduktion »keine Sättigung des Verbrauchs geben darf. Eine 11 Milliarden Dollar verschlingende Werbung (das ist halb so viel, wie beispielsweise für das gesamte Bildungswesen der USA ausgegeben wird) erzeugt die dafür notwendigen künstlichen Bedürfnisse«[48].

Dem will die erzieherische Haltung der Produktpackung im Sozialismus entgegenwirken. Das Argument, die Produkte seien eben doch weitgehend gleich, und daher gebe es keinen Grund, mehrere nebeneinander ins Rennen gehen zu lassen, verhinderte so in der Planwirtschaft die mögliche Wahl des Kunden. Man sah erst sehr spät ein, daß der Kunde, auch im Sozialismus, einen persönlichen Geschmack hat, daß nicht nur Nutzen, sondern auch Gefallen berechtigte Kaufkriterien sind.

Bartsch hält dem berühmten westlichen Industriedesigner-Leitsatz »Häßlichkeit verkauft sich schlecht«[49], entgegen: »Schönheit kann ein Risiko bleiben. Zwar hat man entdeckt, daß sich Häßlichkeit schlecht verkauft; doch für das Gegenteil dieser Behauptung lassen sich ebenfalls Beispiele anführen: Sehr oft verkaufen sich häßliche Dinge überraschend gut«[50].

Mit solch einer verquälten Argumentation soll der Werbung und der verführerischen Produktpackung der Garaus gemacht werden. Leider jedoch ist auch Sozialismus-Theorie Theorie geblieben, und Bartsch mußte schon vor 25 Jahren zähneknirschend eingestehen: » ... der Wunsch, durch Repräsentation materiellen Besitzes sich von anderen Individuen zu unterscheiden, hat sich bis in die sozialistische Gesellschaftsordnung hinein erhalten. Ein solches Bedürfnis kann auch bei uns nicht einfach geleugnet werden«[51]. Und: »Eine

Educational product packaging

It would be wrong simply to assume that the GDR had only second-rate graphic designers. Theory has thwarted true creativity. In 1965, Ekkehard Bartsch, in an article published in *form und zweck*, explained that the socialist and the capitalist production of goods differ fundamentally from each other. In the capitalist system of production "the satisfaction of demand is prohibited. In the USA, $11,000,000,000 (half the annual US education budget) is eaten up by advertising to stimulate the necessary appetite"[48].

The educational function of packaging in the socialist state is intended to counteract this. In the planned economy, the limitation of customers' choice is justified by the argument that the products are almost identical, precluding the need for competition between them. Only at a late stage did the theorists recognise that even in a socialist state the customer has his own personal taste, and that not only utility value but also pleasure is a justified consumer criterion.

Bartsch counters the famous principle of the Western design industry, "Ugliness doesn't sell"[49], by saying: "Beauty remains a risk. Although conventional wisdom states that ugliness doesn't sell, we have enough evidence to suggest that the opposite is true. Very often, ugly products sell surprisingly well"[50].

Such tortured arguments are meant to deal a death blow to advertising and seductive packaging. Unfortunately, however, even socialist theory remains nothing more than just a theory. 25 years ago, Bartsch was grudgingly forced to concede that "the desire to demonstrate one's individuality through material possessions has survived even in socialist society. We cannot deny that such a desire exists"[51]. He added that "a formal variety of choice should allow for this desire"[52].

Due to the absence of a market in the GDR, this formal variety never progressed beyond mere slavish imitations of Western product packaging. Therefore, in general GDR packaging is confined to a world of geometrical, ornamental form with quite

Emballage éducatif des produits

Il ne faudrait pas en déduire que la RDA n'est peuplée que de mauvais graphistes, car là aussi, la théorie fait obstacle à la créativité. Dans un article publié en 1965 dans *form und zweck*, Ekkehard Bartsch affirme que la différence entre la production de biens capitaliste et celle d'un système socialiste réside dans le fait que dans le premier cas, »aucune saturation de la consommation ne doit se produire. Une publicité qui engloutit 11 milliards de dollars (soit la moitié du budget affecté à l'éducation nationale aux USA) suscite les besoins artificiels correspondants«[48].

Le caractère éducatif de l'emballage d'un produit dans un système socialiste a l'ambition de contrecarrer ce principe. L'argument selon lequel les produits sont presque tous identiques et ne fournissent par conséquent aucune raison de les mettre en compétition, permit à l'économie planifiée d'entraver le choix du client. C'est seulement plus tard que les théoriciens durent reconnaître que dans une société socialiste, le client a également un goût personnel et qu'il est légitime qu'il achète non seulement à des fins utilitaires mais aussi parce qu'un produit lui plaît.

Au célèbre principe du designer industriel de l'Ouest »La laideur ne se vend pas bien«[49], Bartsch oppose: »La beauté peut représenter un risque. On a certes découvert que la laideur se vend mal; cependant, il y a suffisamment d'exemples qui prouvent le contraire: très souvent, des choses laides se vendent étonnamment bien«[50].

Une telle argumentation forcée devait supprimer la nécessité de la publicité et d'un emballage séduisant. Toutefois, même la théorie du socialisme est demeurée théorie et il y a vingt-cinq ans déjà, Bartsch devait concéder en grinçant des dents que »le désir de se distinguer des autres individus en arborant des biens matériels s'est maintenu dans l'ordre social socialiste. Il est incontestable qu'un tel besoin existe aussi dans notre pays«[51]. Il affirme en outre qu'»une offre formelle diversifiée doit tenir compte de ce besoin.«[52] En raison de l'absence de marché en RDA, la diversité for-

Links / left / à gauche
Selling place of the exemplary state retail culture
Point de vente représentatif de la culture de la vente exemplaire

Rechts / right / à droite
Schaufensterdekoration in Ost-Berlin
Window display in East-Berlin:
... hm, it tastes good!
Vitrine à Berlin-Est:
... hm, c'est bon!

formale Vielfalt im Angebot soll diesem Bedürfnis Rechnung tragen«[52].

Die formale Vielfalt erreichte in der DDR aufgrund des fehlenden Marktes niemals ein Niveau, das über die fast totemistische Verpackungsimitation der Westprodukte hinausging. Sie spielt sich in einer Welt des geometrischen Ornamentes ab, in ganz spezifischen blassen Farbtönen. Der Entwurf und auch die Druckqualität von Verpackungen sind durch eine geradezu ungeheuerliche Mangelhaftigkeit gekennzeichnet. (Abb. S. 94/95)

Die Produkte müssen nicht gut verpackt sein, weil sie keine Konkurrenz haben.

Es soll hier nicht um die arrogante Verurteilung einer komplizierten Geschichte gehen. Ganz im Gegenteil. Der Vorteil gegenüber den Verpackungsbergen der Wegwerfgesellschaft, die teure Rohstoffe verschlingen und nur schwer zu beseitigen sind, ist offensichtlich.

Abgesehen davon läßt sich eine gewisse Faszination, die von diesen Produkten und ihren Verpackungen ausgeht, nicht leugnen; die begeisterte Aufnahme von »Karo«-Zigaretten (Abb. S. 64) oder die kultische Verehrung von »Werbetafeln« auf den DDR-Transit-Autobahnen durch die Westberliner New-Waver vor zehn Jahren sprechen für sich.

specific, uninspiring colours. The printing quality and the design of the packaging are stunningly incompetent (p. 94/95). Products are not required to be well-packaged because there is no competition.

We are not engaging here in an arrogant condemnation of a complicated history. Quite the opposite. The fascination of such products and packaging is undeniable – partly on account of the contrast with Western consumerism, where everything is disposable. Karo cigarettes (p. 64) met with an enthusiastic response from West Berlin's New Wavers within the past decade, as did the advertising hoardings on the transit motorway to East Berlin.

melle n'atteignit jamais un niveau supérieur à l'imitation presque totémique des emballages des produits de l'Ouest. Elle s'inscrit dans un monde de l'ornement géométrique, dans des coloris sans éclat très spécifiques. Le dessin ainsi que la qualité d'impression des emballages se caractérisent par une médiocrité presque révoltante (ill. p. 94/95).

Il n'est pas nécessaire que les produits soient bien emballés puisqu'ils n'ont pas de concurrence. Mais il n'est pas question ici de condamner de manière arrogante une histoire compliquée. Loin s'en faut! Ceci présente même un avantage évident si l'on considère les montagnes d'emballages de notre société de gaspillage, qui nécessitent des matières premières chères et sont difficiles à détruire. Abstraction faite de cela, on ne saurait nier que ces produits et leurs emballages exercent une certaine fascination; l'enthousiasme montré par les Berlinois de l'Ouest de la »new wave« il y a dix ans pour les cigarettes »Karo« et les »panneaux publicitaires« bordant les autoroutes de transit en RDA en est la preuve.

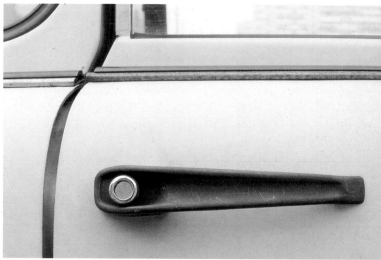

Trabant, neben Wartburg einziger Pkw der DDR,
Wartezeit für einen Neuwagen: bis zu 12 Jahren
Trabant, besides the Wartburg the only car available in the GDR,
waiting time for a new car: up to 12 years
Trabant, à part Wartburg la seule voiture de tourisme en RDA,
temps minimum d'attente pour une voiture neuve: 12 ans

DDR-Design der 90er Jahre

Zur Eröffnung der Ausstellung S.E.D. in Frankfurt am Main, die eine der Grundlagen dieses Buches war, sprach Hartmut Grün, ein hartgesottener Werber aus Frankfurt: »Mir scheint, die Dinge dieser Ausstellung strahlen eine ganz ursprüngliche Vitalität aus. Eine Kraft der Unverdorbenheit, der Blauäugigkeit. Eine Zigarettenmarke, die ›Sprachlos‹ heißt [Abb. S. 67], ist nun mal meilenweit allen Zigaretten-Marketing-Bemühungen bei uns voraus.

Der Design-Punk in der DDR ist viel puristischer, irrwitziger und konsequenter als all die postmodernen Memphis-Teile bei uns. Der Verdacht, daß das westliche, sprich kapitalistische Design sich seine Anregungen bei unseren Brüdern und Schwestern von drüben geholt hat, ist zumindest plausibel. Es klingt paradox, daß gerade in der Planwirtschaft der Raum für das Ungeplante, Willkürliche größer ist als in der sogenannten freien Marktwirtschaft«[53].

Mit den politischen Veränderungen seit November 1989 werden sicherlich auch Produktveränderungen einhergehen, wird sich auch in der DDR ein spezifisches, eigenes Design der 90er Jahre entwickeln und durchsetzen. Es ist kaum zu erwarten, daß die DDR ein Billiglohnland wird, das nur für das Ausland nach ausländischen Entwürfen Waren produziert.

Wie könnte es aussehen, dieses Design? Folgt man der westlichen Design-Diskussion, so ist leicht festzustellen, daß der Weg vom Überfluß und von der Überproduktion weggeht, hin zu einer neuen Bescheidenheit, daß sich Umweltbewußtsein und neue Technologien gut vertragen und eine neue Einfachheit erzeugen, die im digitalen Zeitalter vielleicht als »Selbstverständlichkeit der Mobilität und Variabilität« bezeichnet werden könnte. Gewöhnlich beschleunigen sich Prozesse, die lange aufgehalten worden sind, um so mehr.

So ist auch zu erwarten, daß der Prozeß der Designentwicklung in der DDR sich gewaltig beschleunigen wird. Schaut man sich die Programme der neuen politischen

GDR Design of the 90s

At the opening of the SED exhibition in Frankfurt, which provided one of the inspirations for this book, Hartmut Grün, a hardboiled Frankfurt advertising executive, said: "It seems to me that the exhibits here possess a totally original vitality. An unspoiled naivety. A cigarette brand called "Speechless" (p. 67) is simply miles ahead of any cigarette marketing concepts we have to offer. Design Punk in the GDR is much purer, more idiosyncratic and uncompromising than all our post-modern Memphis pieces. The suspicion that Western capitalist design has borrowed ideas from our brothers and sisters in the East is at least plausible. It seems an interesting paradox that in the planned economy, of all places, there is more scope for the unplanned and the arbitrary than in the so-called free economy"[55].

The political changes in the GDR since November 1989 will doubtless be accompanied by a transformation in production. A specific individual design for the 90s will emerge and establish itself. We can hardly expect the GDR to become a low-wage economy, merely producing foreign-designed goods for the export market.

What will GDR design look like? Within the current theoretical debate in the West, we can observe a shift away from surplus and overproduction towards a "new modesty". Concern for the environment and new technology are combining to produce a new simplicity in the digital age, in which mobility and variety are simply taken for granted. The longer developments are delayed, the more rapidly they progress when finally set in motion.

We can expect developments in East German design to proceed at a terrific pace. The programmes of the new political groupings in the East have all taken on board "green" issues. And there is no lack of experience in collective organization and planning.[56].

A new approach to design, based on durability, could evolve its own style of design for consumer goods.

Le design 90 en RDA

Au vernissage de l'exposition S.E.D. à Francfort-sur-le Main, qui fut l'une des bases de ce livre, Hartmut Grün, un professionnel de la publicité de Francfort, fit la déclaration suivante: »Il me semble que les objets de cette exposition dégagent une vitalité très naturelle, une force propre à l'intégrité et à la candeur. Une marque de cigarettes telle que »Stupéfaction« (ill. p. 67) est bien plus en avance que tous les efforts accomplis dans le marketing des cigarettes chez nous.

Le »punk« du design en RDA est beaucoup plus puriste, plus spirituel et plus radical que tous les meubles postmodernes du groupe Memphis. Le soupçon selon lequel le design occidental, c'est-à-dire le design capitaliste, a puisé son inspiration chez nos frères et sœurs de »l'autre côté«, est du moins plausible. Il semble paradoxal que précisément dans une économie planifiée, le champ libre laissé à l'imprévu et à l'arbitraire soit plus important que dans une économie dite de libre concurrence«[53].

Les bouleversements politiques qui se sont produits depuis novembre 1989 s'accompagneront certainement de modifications des produits ainsi que de la naissance et de l'acceptation d'un design spécifique à la RDA des années 90. Il est peu probable que la RDA devienne un pays à la main-d'œuvre bon marché qui se contente de fabriquer des marchandises pour l'étranger d'après des maquettes étrangères.

Quel visage pourrait prendre ce design? Si l'on poursuit l'évolution du design à l'Ouest, on peut constater sans mal que la tendance est à l'abandon du superflu et de la surproduction au profit d'une nouvelle modestie, que le respect et la conscience de l'environnement s'accordent bien avec des nouvelles technologies et engendrent une nouvelle simplicité que l'on pourrait peut-être définir, à notre époque des données digitales, comme une »évidence de la mobilité et de la variabilité«. Il est courant que des processus se développent à un rythme d'autant plus accéléré qu'ils ont été longtemps enrayés.

Gruppierungen im Osten an, so fehlt nirgends das Wort Ökologie, und es fehlt auch nirgends an Ausbildung in kollektivem Handeln und Planen. Es könnte sich eine neue Entwurfshaltung entwickeln, die, an Langlebigkeit und Haltbarkeit orientiert, eine eigene Spielart des Konsumgüter-Designs hervorbringen könnte.

Auch gibt es in der DDR eine hierzulande fast unbekannte Interdisziplinarität im Design. Bei einer Reise in die DDR, 1988, zeigte sich der Vizepräsident des Verbandes Deutscher Industriedesigner der BRD, Otto Sudrow, beeindruckt von der Organisation des mit 200 Mitarbeitern riesigen Studios VEB Designprojekt Dresden: »(...) hier ist eine Arbeitsform verwirklicht, wie sie in den 60er und 70er Jahren auch bei uns angesichts komplexer Aufgabenstellungen zwar entworfen, aber im kommerziellen Bereich nie umgesetzt werden konnte. (...) Ein Arbeitsschwerpunkt ist unübersehbar: die Arbeitsplatzgestaltung bis hin zu ganzen Fabrikationsanlagen«[57]. Dies zum Investitionsgüterdesign.

Es wäre vermessen und anmaßend, eine Prognose über den zukünftigen Umgang mit Gestaltung im Konsumgüterdesign zu geben. Aber es ist nicht unwahrscheinlich, daß auch in Zukunft ein einfaches, schlichtes, pragmatisches Design aus der DDR kommt. Vielleicht wird »Design aus der DDR« sogar zu einem Qualitätslabel werden: für herbe, funktionale und trockene Alltagsgegenstände.

Der Preis »Gutes Design«, der seit 1978 vom Amt für Industrielle Formgebung in Ost-Berlin vergeben wird, und die Preise »Designpreis der DDR« sowie »Förderpreis für junge Designer« (beide seit 1979) haben schon vor dem Umsturz ein klares neues Qualitätsniveau auf internationaler Ebene angepeilt. Unter den neuen Bedingungen und der am 8. 12. 1989 erstmals im Internationalen Design-Zentrum in West-Berlin besprochenen Kooperation von Ost- und Westdeutschen Designern könnten viele der prämierten, bislang jedoch nicht produzierten Produkte zum Leben erweckt werden. Besonders im Produkt-Design liegen viele sehr positive Chancen unter den Trümmern des SED-Staates verborgen.

Moreover, in the GDR there is an interdisciplinary practice in design, of which we have little experience. On a visit to the GDR in 1988, Otto Sudrow, the Vice-President of the West German Industrial Designers' Association, was impressed by the organization of the 200-strong work-force of the giant state-run Design Studios in Dresden: "they have implemented a form of work organization similar to what was planned in the West, to meet the increasingly complex challenges of the 60s and 70s, but never introduced into commercial practice. The focus on work is apparent from the organization of the individual place of work to entire factories"[57]. So much for capital investment.

It would be arrogant and presumptuous to predict the future of consumer goods design. But it is not unlikely that the development of simple, unpretentious, pragmatic designs will continue in the GDR. Perhaps the label "Designed in the GDR" will become a symbol of quality for austere and functional everyday commodities.

The Good Design prize (awarded by the East German Industrial Design Office since 1978), the GDR Prize For Design and also the Young Designers Award had already set their sights on new international standards of quality prior to the recent political upheaval. In the new political conditions

Conformément à ce phénomène, on peut s'attendre à ce que le processus de l'évolution du design en RDA s'accélère de façon prodigieuse. Si l'on examine les programmes des nouveaux groupements politiques à l'Est, on constate que le terme »écologie« ne manque nulle part et que la formation en action et planification collectives ne fait pas défaut non plus.

Une nouvelle créativité pourrait se développer, laquelle, orientée vers la longévité et la solidité, pourrait donner naissance à un type de design conçu pour les biens de consommation.

En outre, il existe en RDA une interdisciplinarité dans le design qui est pratiquement inconnue chez nous. Lors d'un voyage en RDA en 1988, le vice-président de la Fédération des designers industriels allemands de la RFA, Otto Sudrow, fut très impressionné par l'organisation des ateliers immenses occupant 200 personnes du VEB »Designprojekt« de Dresde: »(...) On a concrétisé ici une forme de travail qui, dans les années 60 et 70 était certes aussi prévue chez nous pour des tâches complexes, mais qui ne put jamais être transposée dans le secteur commercial. (...) Un point fort du travail est manifeste: il s'agit de la conception de la place de travail individuelle jusqu'à celle d'installations de production complètes«[54]. Les remarques ci-dessus concernent le design des biens d'investissement.

Il serait présomptueux et téméraire de faire des pronostics sur la création future dans le design des biens de consommation. Mais il n'est pas invraisemblable qu'à l'avenir également, un design simple, dépouillé et pragmatique se fasse jour en RDA. Le »design de la RDA« deviendra même éventuellement un label de qualité pour des objets de la vie quotidienne sobres et fonctionnels.

Avant le bouleversement de novembre 1989, le prix du »Bon design« décerné depuis 1978 par l'Office du design industriel de Berlin-Est, ainsi que les prix intitulés »Prix du design de la RDA« et »Prix de promotion des jeunes designers« (tous deux existant depuis 1979), ont déjà visé un nouveau niveau de qualité clair et

Die während bzw. trotz einer dogmatischen Diskussion über Jahrzehnte entwickelten Produkte könnten sich als Keim einer neuen Moral der Schlichtheit erweisen, mit der das Land eine eigene Waren-Identität ausformen kann. Aber auch wesentliche Teile der Diskussion, wenn sie losgelöst vom Heilsversprechen des Sozialismus verstanden werden, können eine Orientierungshilfe im nächsten Jahrtausend werden; besonders das unermüdliche Insistieren auf den ethisch negativen Eigenschaften der Wegwerfgesellschaft. Damit könnte die Deutsche Demokratische Republik gerade im Bereich des Designs gegenüber der BRD eine positive Eigenständigkeit gewinnen. Die asketische Entwurfshaltung des Bauhauses, das heute mehr denn je als Teil der DDR-Identität verstanden wird, kann dabei behilflich sein.

Georg C. Bertsch im Dezember 1989, Frankfurt am Main.

and following the efforts at co-operation between designers from East and West (first discussed at the International Design Centre in West Berlin on 8th December 1989), many of the previously aborted projects premiered there may now be revived. A lot of very promising opportunities lie buried beneath the ruins of the SED state. The goods that developed during or perhaps in spite of the decades of dogmatic debate may form foundations of a new moral simplicity, on which the country can shape its own commodity identity. Divorced from their doctrinaire socialist context, essential aspects of this debate, especially the unremitting affirmation of the ethically negative characteristics of the "consumer society", point the way into the next millennium.

In this way, East Germany could become independent of West Germany, especially in the field of design. The ascetic Bauhaus approach to design, which today, more than ever before, is part of the East German identity, may prove of great assistance in achieving that independence.

Georg C. Bertsch, December 1989, Frankfurt am Main.

orienté vers le niveau international. Dans les nouvelles conditions et avec la coopération des designers allemands de l'Est et de l'Ouest, négociée pour la première fois le 8. 12. 1989 au Centre international du design à Berlin-Ouest, un grand nombre des produits auxquels un prix fut attribué, mais qui n'ont pas encore été fabriqués, pourraient voir le jour.

Des chances très positives sont dissimulées sous les ruines de l'Etat du SED, notamment dans le design des produits.

Les produits développés pendant des décennies malgré les controverses dogmatiques se sont révélés comme les germes d'une nouvelle morale de la sobriété avec laquelle le pays peut modeler une idendité propre à ses produits. Mais certaines parties primordiales de la controverse peuvent aussi représenter une aide pour l'orientation vers le nouveau millénaire si elles sont comprises indépendamment des promesses de salut du socialisme. L'un de ces aspects positifs serait l'insistance inlassable sur les traits éthiquement négatifs de la société de gaspillage. Par ce moyen, la République démocratique allemande pourrait obtenir une autonomie positive par rapport à la RFA dans le domaine du design. L'attitude ascétique du Bauhaus face au design, lequel est plus que jamais considéré comme une partie intégrante de l'identité de la RDA, peut contribuer à l'acquisition de cette autonomie.

Georg C. Bertsch en décembre 1989, Francfort-sur-le-Main.

P.38
Logo der Jungen Pioniere
Logo of the Young Pioneers:
Be Prepared
Le logo des Jeunes Pionniers:
Soyez Prêts

P. 40
Cola Getränk
Cola beverage
Boisson à base de cola

NAHRUNGSMITTEL – GENUSSMITTEL
FOOD – LUXURY ITEMS
PRODUITS ALIMENTAIRES – DENREES DE LUXE

Alkoholfreies Bier
Non-alcoholic beer
Bière sans alcool

Getränkesirup
Soft drink syrup / Sirops

Verschiedene Erfrischungsgetränke
Various drinks / Boissons diverses

P. 44–47
Lebensmittelpräsentation eines HO-Ladens in Ost-Berlin
Food presentation in an HO-shop in East-Berlin
Denrées alimentaires dans un magasin HO à Berlin-Est

Eingemachtes in Gläsern
Preserves in jars
Conserves sous verre

Lebkuchen, Salz,
Gries, Reis
Ginger bread, salt,
semolina, rice
Pain d'épices, sel,
semoule, riz

Knäckebrot
Crispbread
Pain suédois

Speisestärke
Wheatflour
Fécule de blé

Zwieback
Rusks
Biscottes

Kartoffelprodukte
Potato products
Préparations à base
de pommes de terre

Eierteigwaren
Egg noodles
Pâtes

Zubereitungshinweise:
Tempo-Bohnen sind nach einem besonderen Verfahren vorbehandelt,
brauchen nicht mehr gewaschen oder eingeweicht
zu werden und sind wie üblich zu verwenden.
Die für die Mahlzeit erforderliche Menge Tempo-
Bohnen in kaltem Wasser oder Brühe ansetzen,
10 Minuten kochen und 5 Minuten ziehen lassen!
Den Vorteil der geringen Kochzeit ausnutzen
und kurzkochende Zutaten, z. B. Fleischkonserven,
oder Würstchen zugeben,
nach Geschmack würzen.

Trockengemüse
Dehydrated vegetables
Légumes secs

...rvorschlag:
...er
...neintopf

...fleisch
$1\frac{1}{2}$ l)

Tempo-bohnen

nach einem besonderen
Verfahren vorbehandelt

250 g ± 10 g
bei 10 % Restfeuchte

Vorgegartes
Rauchfleisch
mitkochen
lassen.
Den Eintopf
mit
Tomatenketchup
sowie
Paprika
pikant würzen.

MINUTEN 10 KOCHZEIT

HSL 13 92 00 0

Eiweiß
24 g

Kohlenhydrate
58 g

Brennwerte
kcal 355
kJ 1486

250 g

M 0,65

SUPPINA

VEB NAHRUNGSMITTELWERKE SUPPINA
9700 AUERBACH

Kaffee, Dosenmilch
Coffee, tinned milk
Café, lait en boîte

Verschiedene Teesorten
Various kinds of tea
Assortiments de thé

Puddingpulver, Traubenzucker
Blancmange, dextrose
Crème en poudre, glucose

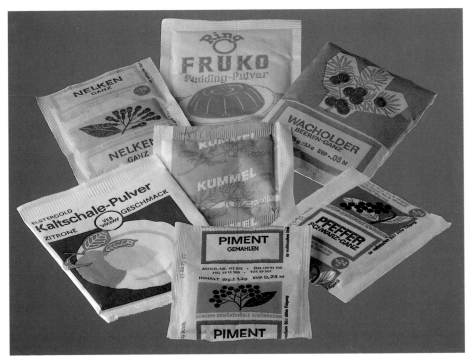

Puddingpulver, Gewürze
Blancmange, spices
Crème en poudre, épices

Kindernahrung
Baby food
Allimentation bébé

Kindergries
Baby semolina
Semoule pour bébé

Waffeln, Kekse
Waffles, cookies
Gaufrettes, biscuits

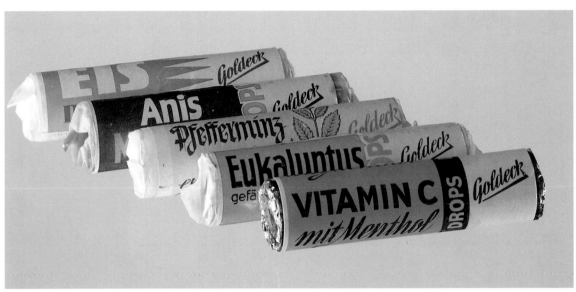

Drops
Sweets
Bonbons

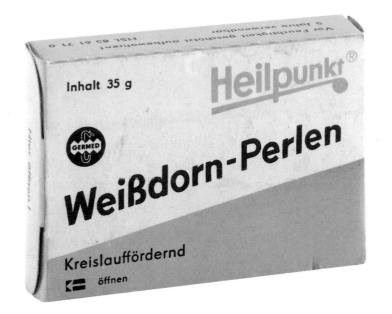

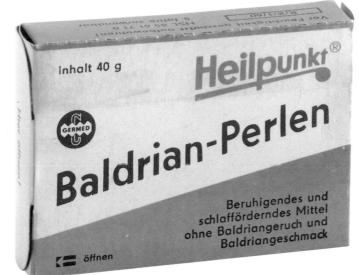

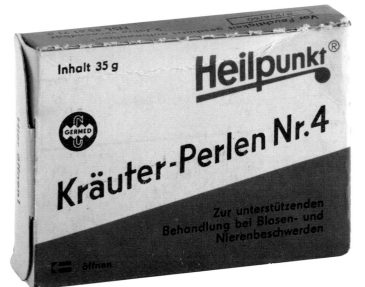

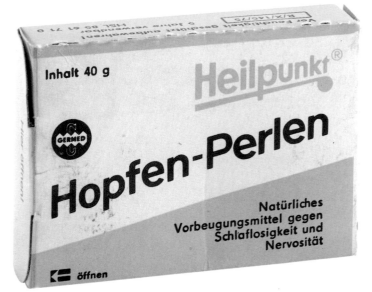

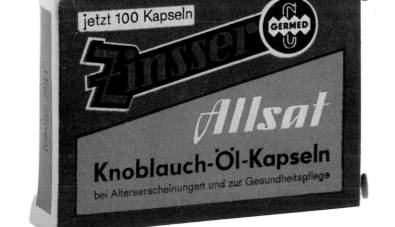

Gesundheitsdragees
Health tablets
Dragées analgésiques

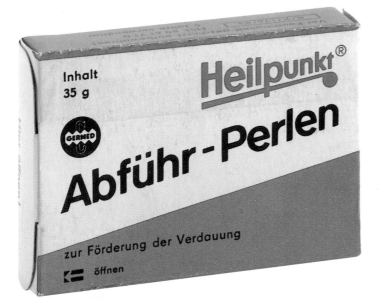

Inhalt
35 g

Heilpunkt®

GERMED

Abführ-Perlen

zur Förderung der Verdauung

öffnen

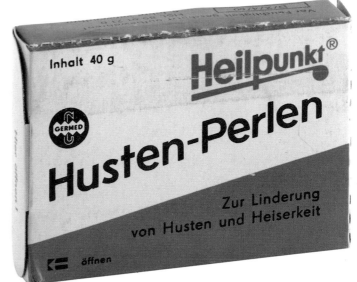

Inhalt 40 g

Heilpunkt®

GERMED

Husten-Perlen

Zur Linderung
von Husten und Heiserkeit

öffnen

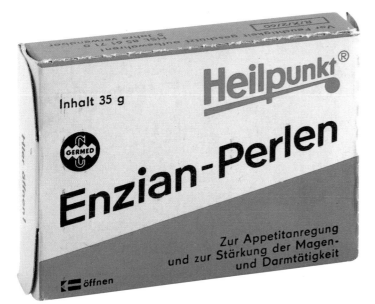

Heilpunkt®

Inhalt 35 g

GERMED

Enzian-Perlen

Zur Appetitanregung
und zur Stärkung der Magen-
und Darmtätigkeit

öffnen

Heilpunkt®
Abführ-Perlen

ABFÜHR-PERLEN

ENZIAN-PERLEN

KRÄUTER-PERLEN Nr. 4

HUSTEN-PERLEN

BALDRIAN-PERLEN

WEISSDORN-PERLEN

HOPFEN-PERLEN

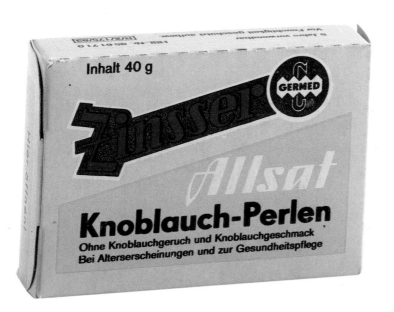

Inhalt 40 g

GERMED

Zinsser

Allsat

Knoblauch-Perlen

Ohne Knoblauchgeruch und Knoblauchgeschmack
Bei Alterserscheinungen und zur Gesundheitspflege

Zigaretten
Cigarettes
Cigarettes

Kautabak
Chewing tobacco
Tabac à chiquer

Zigarren
Cigars: ›Speechless‹
Cigares: ‹Stupéfiant›

HAUSHALTSWAREN
HOUSEHOLD GOODS
ARTICLES MENAGERS

Eisbecher-Set
Sundae dish set
Set de coupes à glace

P.68
Besteck aus einem Mitropa Restaurant
Cutlery from a Mitropa Restaurant
Couvert d'un Restaurant Mitropa

Eisbecher-Set
Sundae dish set
Set de coupes à glace

P.73
Email-Eimer
Enamel pail
Seau émaillé

P.72
Eimer aus Gummi, vulkanisiert
Rubber pail, vulcanized
Seau en caoutchouc, vulcanisé

LÖWEN
EMAIL
Thale   TGL 7797
1. WAHL
HSL 65 45 120 EVP 5,05 M

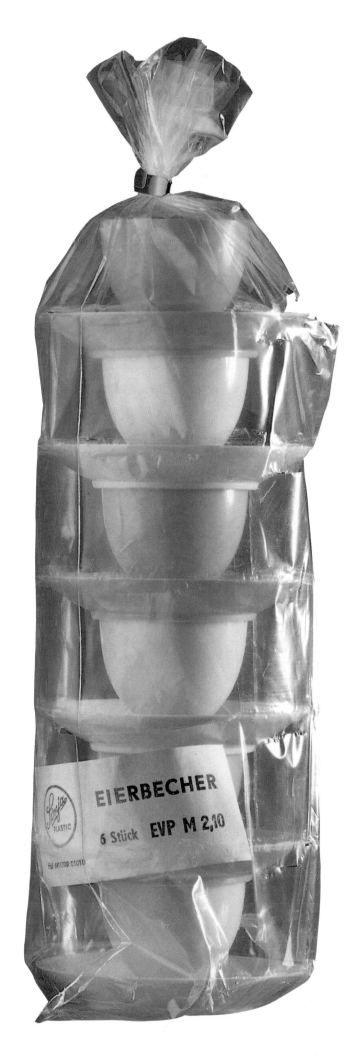

EIERBECHER

6 Stück   EVP M 2,10

Eierbecher
Eggcups
Coquetiers

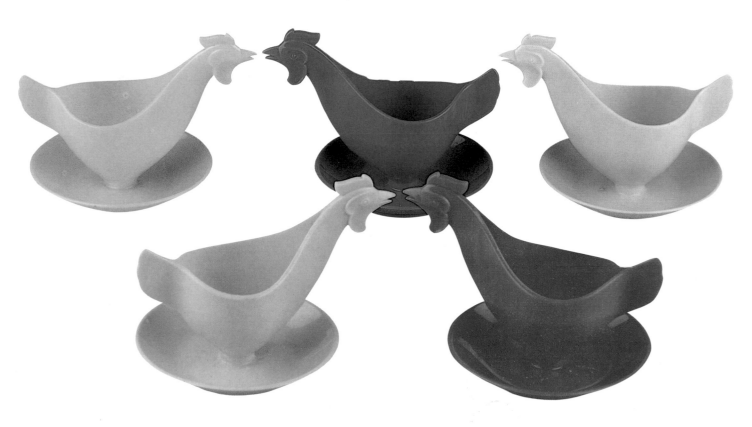

Eierbecher
Eggcups
Coquetiers

Flötenkessel
18 cm, AF, poliert
HSL 65 52 300
ELN 139 15 236
I. Wahl   3,50 M

Wasserkessel
Whistling kettle
Bouilloire à sifflet

Gewürzstreuer
Spice shaker
Saupoudreuses

Eierbecher
Eggcups
Coquetiers

Stieleisbereiter
Ice-cream maker
Appareil à préparer les glaces en bâtons

Eisbecher-Set
Sundae dish set
Set de coupes à glace

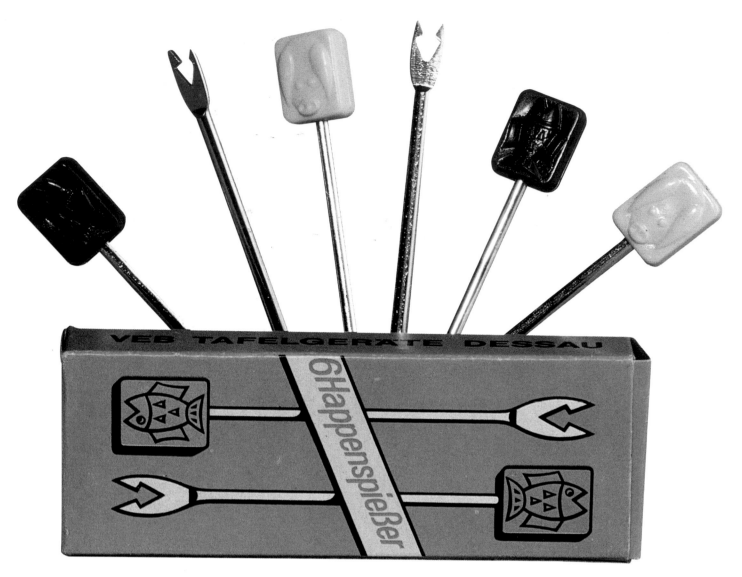

Cocktailspieße
Cocktail sticks
Brochettes cocktail

Gasanzünder
Gas lighter
Briquet à gaz

Party-Besteck
Party cutlery
Couverts cocktail

Taschenmesser
Penknife
Couteau de poche

Camping- und Taschenlampen
Torches
Lampes de camping et torches

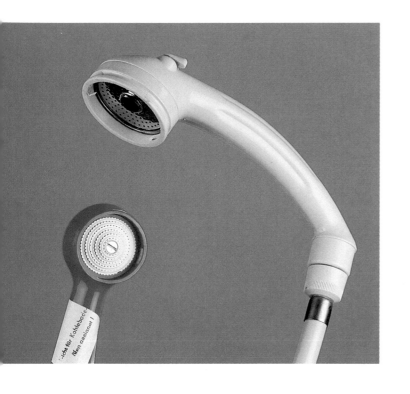

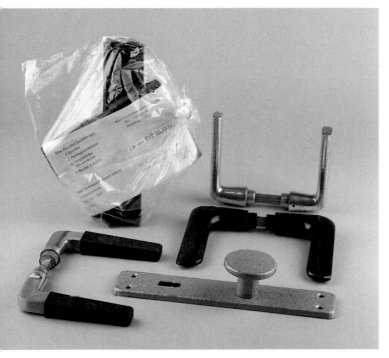

Armaturen, Stecker, Steckdosen, Türgriffe
Fittings, plugs, sockets, door handles
Robinetterie, fiches, prises de courant, poigneés de porte

Personenwaage
Bathroom scales
Pèse-personnes

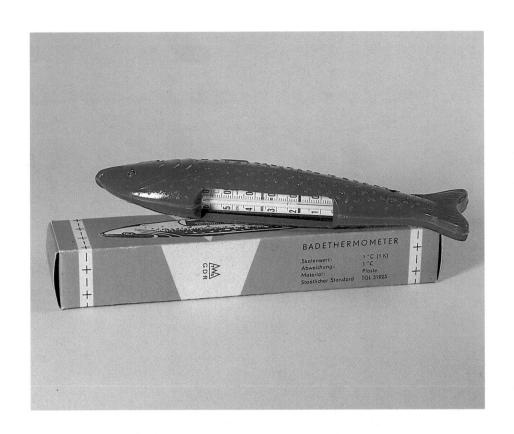

Badethermometer und Schwamm
Bathroom thermometer and sponge
Thermomètre de bain et éponge

Plastikbecher und Dessertschüsselchen
Plastic cups and dessert bowls
Gobelets en plastique et coupelles à dessert

Thermoskanne
Thermos flask
Bouteille thermos

Batterien
Batteries
Piles

Schleuderascher und Raucherset
Push-down ashtray and smoking set
Cendrier à évacuation centrifugée

Streichhölzer
Matches
Allumettes

Einkaufskorb
Shopping basket
Panier

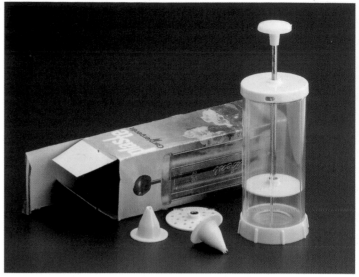

Garniergerät
Gadget for icing
Ustensile à décoration

Sattelschoner
Protective covering for saddles
Housse de selle

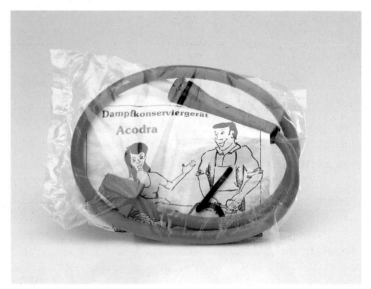

Dampfkonserviergerät
Steam preserver
Appareil à conserver à vapeur

Filter
Filtre

Tabletts
Trays
Plateaux

Stereobrillen
Stereo glasses
Lunettes stéréo

Sonnenblenden
Sun visors
Visières

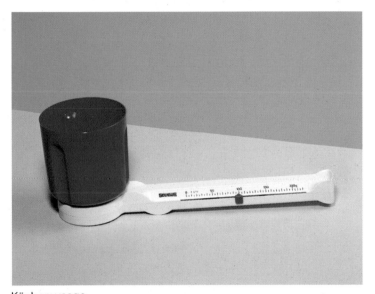

Küchenwaage
Kitchen scales
Balance ménagère

Butterdose
Butterdish
Beurrier

Handtaschenhalter
Handbag hook
Crochet pour sac à mains

Kleiderbügel
Hangers
Cintres

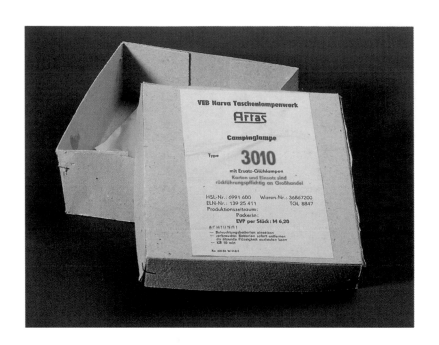

Verschiedene Produktpackungen
Various product packages
Emballages divers de produit

Heizkissen
Heated pillow
Coussin chauffant

ELEKTRISCHE, TECHNISCHE, OPTISCHE GERÄTE
ELECTRICAL, TECHNICAL, OPTICAL INSTRUMENTS
APPAREILS ELECTRIQUES, TECHNIQUES, OPTIQUES

Reisetauchsieder mit Garantieschein
Portable immersion heater with guarantee
Chauffe-liquide de voyage avec bon de garantie

VEB Kontaktbauelemente
und Spezialmaschinenbau
Gornsdorf
Betrieb im Kombinat
VEB Elektronische Bauelemente

Reisetauchsieder-Garnitur
mit Verpackungstasche, Becher und Bechergriff

220 V / 300 W   ELN 139 22 361   TGL 200-4617
HSL 66 43 6000 1020   **EVP M 16,—**

GARANTIE-SCHEIN
Wir gewähren Ihnen eine den gesetzlichen Bestimmungen
entsprechende Garantie von
6 Monaten

Die Garantieleistung erfolgt ab Verkaufstag an den End-
verbraucher bei auftretenden Mängeln, die nicht durch
einen unsachgemäßen Gebrauch verursacht worden sind.
Bitte beachten Sie hierzu unsere Bedienungsanleitung!
Reparaturen werden nur vom Hersteller ausgeführt.
Rücksendungen bei Garantieansprüchen sind mit ausge-
fülltem Garantieschein an folgende Adresse zu richten:
VEB Kontaktbauelemente u. Spezialmaschinenbau Gornsdorf
DDR - 9163 Gornsdorf, Auerbacher Straße

Verkaufstag:
(Stempel und Unterschrift der Verkaufsstelle)

Sorgfältig aufbewahren!   Unausgefüllte Garantiescheine
Bitte wenden!   haben keine Gültigkeit.

Kabeltrommeln aus Bakelit
Cable drums made of Bakelite
Tambours de câble en bakélite

Haarföne
Hair-driers
Sèche-cheveux

Wecker
Alarm clock
Réveil

Reiseschreibmaschine
Portable typewriter
Machine à écrire portable

Telefone
Telephones
Appareils de téléphone

Plattenspieler ›Granat‹
Record player
Tourne disque

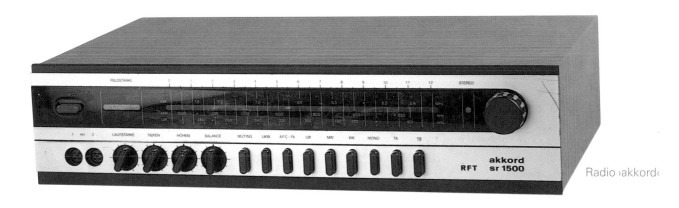

Radio ›akkord‹

Fernseher ›Debüt‹
TV set
Téléviseur

DEFA-Color-Sonderbildband Nr. 951

Erotica in Weiß und Rot

EVP
11,75 M

Projektor für Diafilme
Projector for slide films
Projecteur de films de diapositives

Toaster

Toaster

Diaprojektor / Slide projector / Projecteur de diapositives

Fotoapparate / Cameras/ Appareils photos

Scheuermittel, Packung und Produkt unverändert seit über 40 Jahren
Scouring product, packaging and product unchanged for over 40 years
Produit abrasif, emballage et produit inchangés depuis plus de 40 ans

REINIGUNGSMITTEL – HYGIENEBEDARF
CLEANSING PRODUCTS – COSMETICS
PRODUITS DE NETTOYAGE – PRODUITS COSMETIQUES

Haushaltsreiniger (keimmindernd)
Household cleaner (reduces germs)
Produits de nettoyage (réduisant les germes)

P. 110-111
Schaufensterauslage eines HO-Ladens mit Reinigungsmitteln
HO-window display with cleaning products
Décoration d'un magasin HO avec détergents

Verschiedene Reinigungsmittel
Various cleaning products
Produits de nettoyage divers

Pflegemittel
Cosemtics
Produits de soin

Pflegemittel
Cosmetics
Produit de soin

Rasierwasser
After-shave
Lotion après rasage

Handcreme
Handcream
Crème pour mains

Lotion

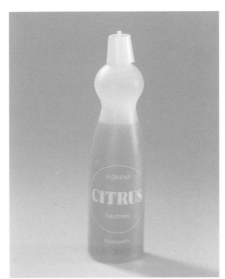

Pflegemittel
Cosmetics
Produit de soin

Intim-Wasch-Lotion
Intimate cleansing lotion
Lotion intime

Haarwasser
Hair lotion
Lotion capillaire

GL
Getriebe
öl
100

PCK Mineralölwerk
Klaffenbach, BT
im VEB Hydrierwerk
Zeitz·DDR

TGL 21160
ELN·Nr. 113 24 471
Inhalt 1000 ml

1,90 M

P. 116
Getriebeöl
Gearbox oil
Huile à engrenage

P.117
Feinmechaniköl
Precision oil
Huile pour entretien

Schuhputzzeug
Shoe care set
Nécéssaire à chaussures

Schuhcreme (wenig gesundheitsschädlich)
Shoe polish (slightly dangerous to health)
Cirage (peu nocif à la santé)

Zahnbürsten
Toothbrushes
Brosses à dents

Zahnpasta
Toothpaste
Dentifice

Seifen
Soap
Savons

Waschmittel
Detergent
Lessive

121

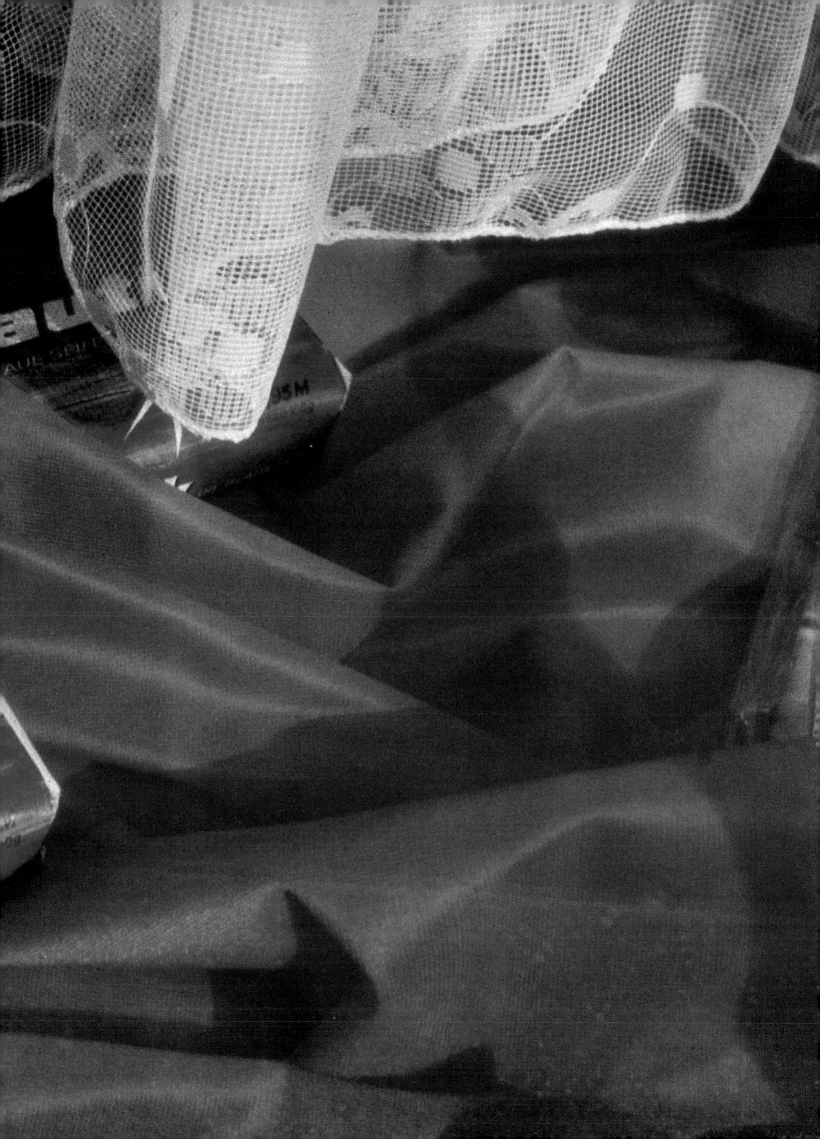

Kinderzahnputzset
Dental care set for children
Nécéssaire dentaire pour enfants

Schaufensterdekoration
Window display
Décoration de vitrine .

Babypflegeset
Baby care set
Nécéssaire de toilette pour bébé

Babyöl
Baby oil
Huile pour bébé

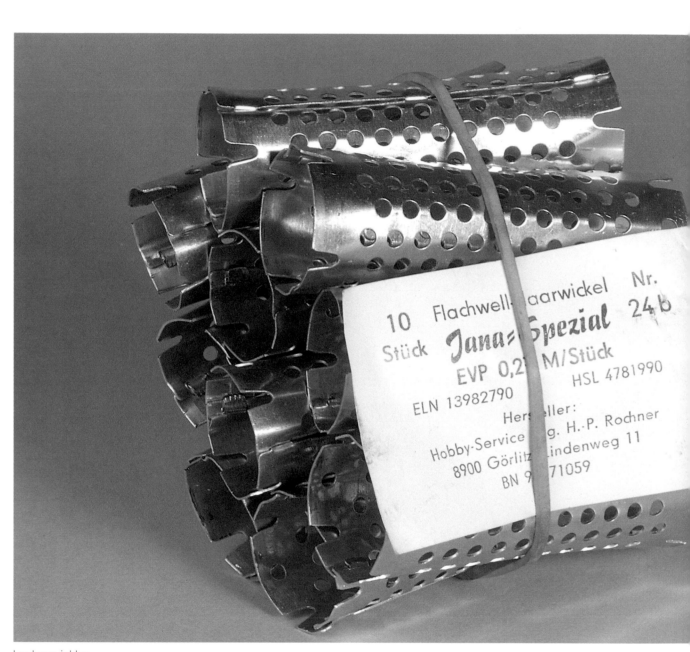

10 Stück Flachwell-Haarwickel Jana-Spezial Nr. 24 b
EVP 0,2 M/Stück
ELN 13982790   HSL 4781990
Hersteller:
Hobby-Service Ing. H.-P. Rochner
8900 Görlitz Lindenweg 11
BN 9 71059

Lockenwickler
Hair curlers
Bigoudis

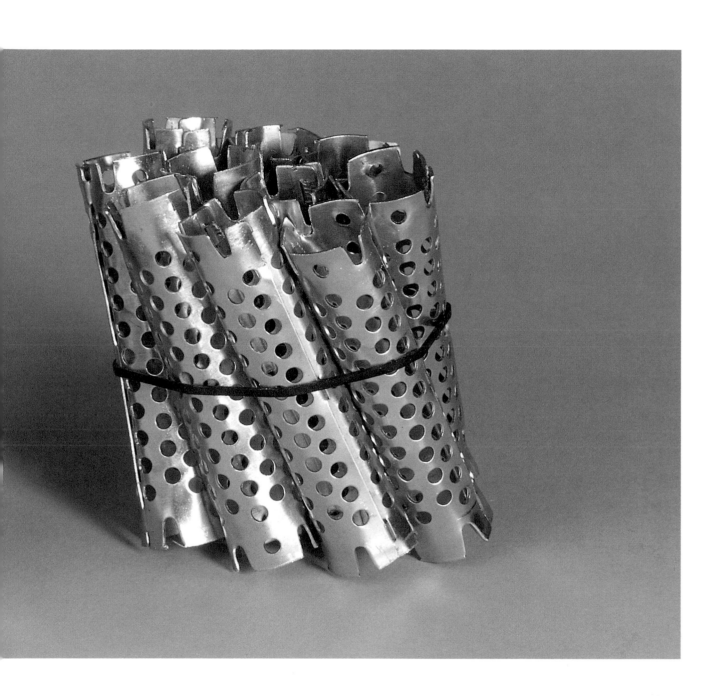

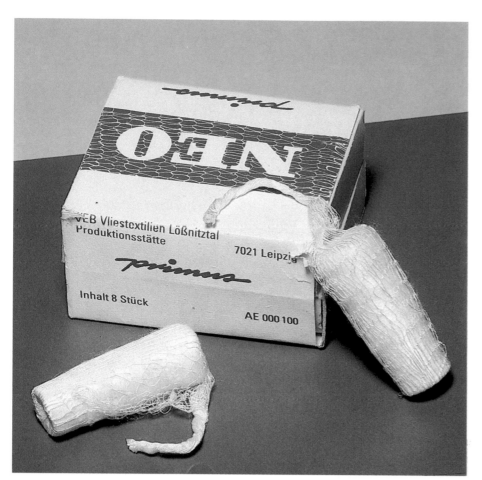

Tampons mit Gebrauchsanweisung
Tampons with instructions for use
Tampons hygiéniques avec mode d'emploi

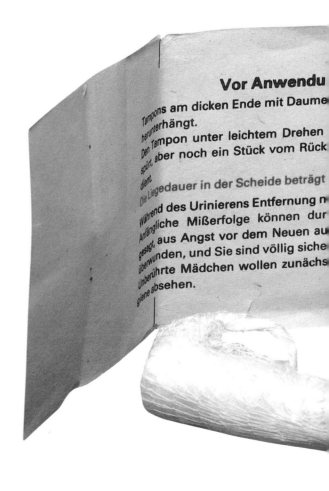

Vor Anwendu
Tampons am dicken Ende mit Daume
herunterhängt.
Den Tampon unter leichtem Drehen
spürt, aber noch ein Stück vom Rück
dient.
Die Liegedauer in der Scheide beträgt

Während des Urinierens Entfernung n
Anfängliche Mißerfolge können dur
gesagt, aus Angst vor dem Neuen au
überwunden, und Sie sind völlig siche
Unberührte Mädchen wollen zunächs
giene absehen.

Read carefully before use!
Hold the thicker end of the tampon between your thumb and index finger so
that the thread hangs down.
Insert the tampon gently, turning it slightly as you do so, till it can no longer be
felt but the thread can still be gripped for subsequent removal.
Do not leave the tampon inside the vagina for longer than 12 hours
maximum.
There is no need to remove the tampon when urinating. Initial mishaps may
be caused by incorrect insertion or by fear of the new, but at the fourth or fifth
attempt difficulties should be a thing of the past and you need expect no
more surprises. Virgins should not apply feminine hygiene designed for
internal use.

Tampons »Imuna«
Tampons hygiéniques »Imuna«

A lire attentivement avant utilisation!
Tenir le tampon hygiénique par l'extrêmité la plus large entre le pouce et l'index en veillant à ce que le fil de retrait pende.
Introduire le tampon hygiénique dans le vagin en le tournant légèrement, à une profondeur telle que l'on ne le sente plus, mais de manière à ce que l'on puisse encore saisir le fil qui sert à l'enlever.
La durée d'utilisation dans le vagin ne doit pas dépasser 12 heures.
Il n'est pas nécessaire d'enlever le tampon hygiénique pour uriner. Des échecs peuvent se produire au début en raison d'un maniement erroné ou plutôt par peur du nouveau. Toutefois, après 4 ou 5 applications, vous aurez surmonté ces désagréments et ne craindrez plus les mauvaises surprises. Il est souhaitable que les jeunes filles vierges renoncent à l'utilisation de cette protection féminine interne.

Strumpfhose / Damenstrümpfe
Panty hose / Ladies' stockings
Collants / Bas

Damenfeinstrumpf

maschenlaufhemmend

nahtlos 2,2 tex 20 den

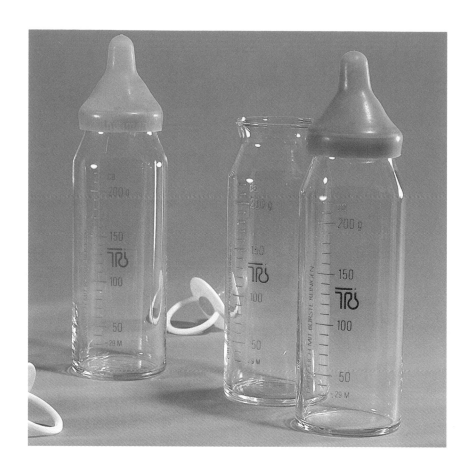

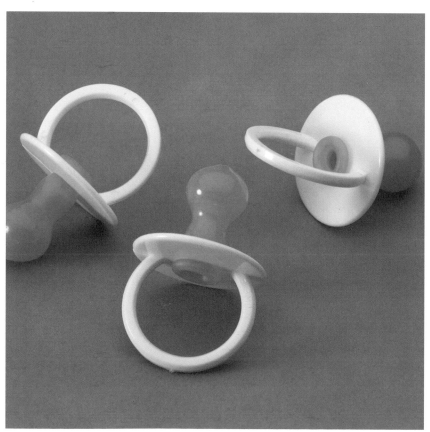

Babyflaschen / Sauger/ Schnuller
Baby bottles / teats / dummies
Biberons / tétines / sucettes

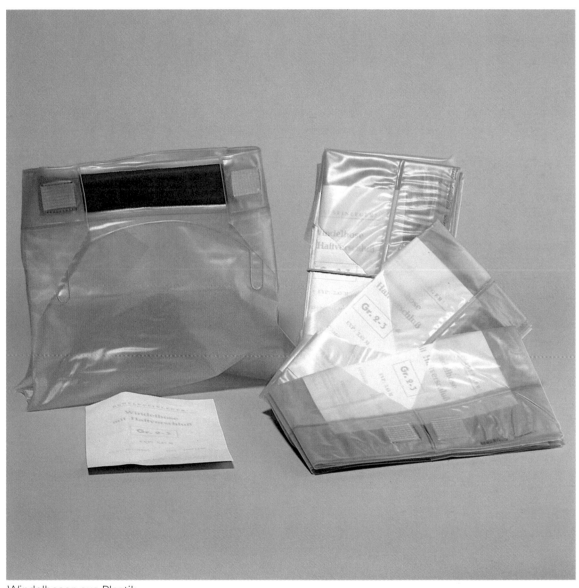

Windelhosen aus Plastik
Plastic nappies
Protège-couche en plastique

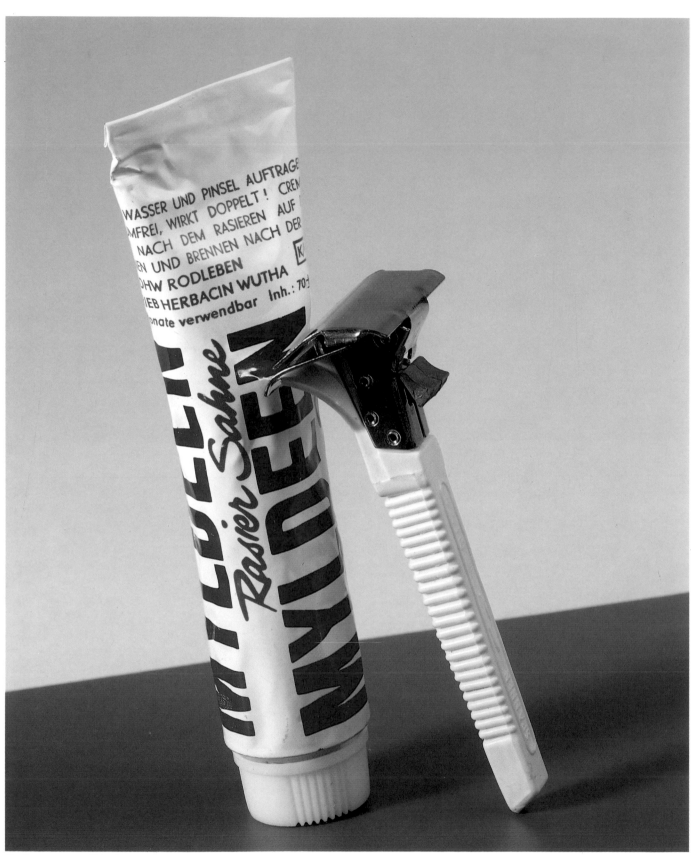

Rasiercreme und Rasierer
Shaving cream and razors
Crème à raser et rasoirs

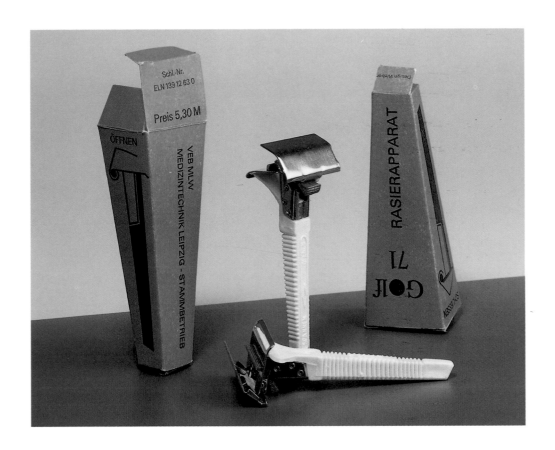

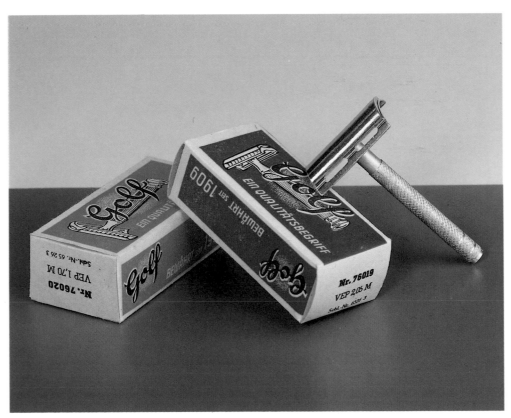

Inhalt 3 Stück
EVP M 1.—
ELN-Art. Nr.
146 45 160   47706366
Betriebs-Nr.   04 713 010

Bitte verwenden Sie diesen
Abschnitt zum diskreten Einkauf in Ihrem Fachgeschäft.

Heiß vulkanisiert
Lagerfähig bis 1991

mondos
★ FEUCHT ★

mondos
aus reinem Naturgummi

mondos
Naturgummi

Kondome
Condoms
Condomes

typofix ®

Grafischer Spezialbetrieb Saalfeld
Betrieb der VOB Aufwärts

Siegfried Baumgart
801 Dresden · Altenzeller Str. 50

im Programm

Bestell-Nr. 602

typopress

Verarbeitungshinweis: Schutzpapier entfernen. Auf harter Unterlage mit balligem Gegenstand (z. B. Kugelschreiber) unter leichtem Druck gleichmäßig anreiben. **Lagerungshinweis:** Folien hochkantig bei etwa 20° C und einer Luftfeuchte von 60–65 %, lagern. mit stärkerem Druck nachreiben bis Buchstabe, Zeichen u. a. grau erscheint. Folie vorsichtig abheben und abgeriebenes Element andrücken. Lockerung der Folien in Abständen von 2 Wochen notwendig.

Blatt 1301   ELN 15 69 24 00   7 · 80   V15·3 Mg·G 424· 80   1 Bogen   A 4   5056/T

EVP   2.35 M

PAPIERE – STOFFE – BÜROBEDARF

PAPER GOODS – MATERIAL – STATIONERY

PAPIERS – TISSUS – PAPETERIE

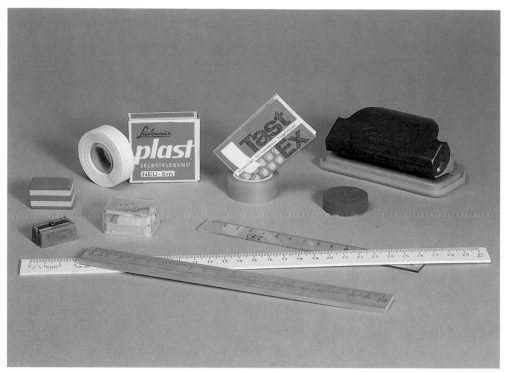

Büroartikel
Stationery
Papeterie

Kleber / Glues / Colles

S.138
Anreibesymbole (Parteiabzeichen)
Rub-on symbols (party emblems)
Décalcomanie (insiges du parti)

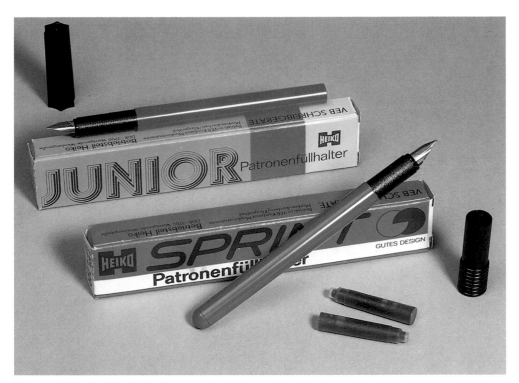

Patronenfüllhalter (Preis für Gutes Design)
Fountain-pen (Award for Good Design)
Stylo-plume à cartouches (Prix du Bon Design)

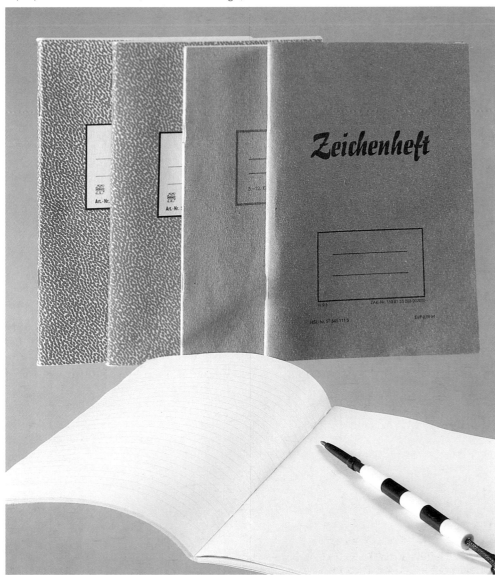

Kuli, Vopoknüppel nachempfunden
Biro, in the form of a GDR-police club
Stylo bille en forme de matraque
de la police de la RDA

Schulhefte
School notebooks
Cahiers

Gesetzliche Feiertage 1990

1. Januar	Neujahr
13. April	Karfreitag
15. April	Ostersonntag
1. Mai	Internationaler Kampf- und Feiertag der Werktätigen
3. Juni	Pfingstsonntag
4. Juni	Pfingstmontag
7. Oktober	Nationalfeiertag der DDR
25. Dezember	1. Weihnachtstag
26. Dezember	2. Weihnachtstag

Gedenktage 1990

11. Februar	Tag der Zivilverteidigung
11. Februar	Tag der Werktätigen des Post- und Fernmeldewesens
18. Februar	Tag der Mitarbeiter des Handels
1. März	Tag der Nationalen Volksarmee
8. März	Internationaler Frauentag
21. März	Internationaler Tag für die Beseitigung der Rassendiskriminierung
23. März	Welttag der Meteorologie
27. März	Welttheatertag
7. April	Weltgesundheitstag
8. April	Tag des Metallarbeiters
18. April	Internationaler Denkmalstag
24. April	Internationaler Tag der Jugend und Studenten gegen Kolonialismus und für friedliche Koexistenz
8. Mai	Weltrotkreuztag
10. Mai	Tag des freien Buches
17. Mai	Weltfernmeldetag
18. Mai	Internationaler Museumstag
1. Juni	Tag der Jugendbrigaden
1. Juni	Internationaler Tag des Kindes
5. Juni	Weltumwelttag
10. Juni	Tag des Eisenbahners und Tag der Werktätigen des Verkehrswesens
12. Juni	Tag des Lehrers
16. Juni	Tag der Werktätigen der Wasserwirtschaft
17. Juni	Tag der Genossenschaftsbauern und Arbeiter der sozialistischen Land- und Forstwirtschaft
24. Juni	Tag des Bauarbeiters
1. Juli	Tag der Deutschen Volkspolizei
1. Juli	Tag des Bergmanns und des Energiearbeiters
1. September	Weltfriedenstag
9. September	Internationaler Gedenktag für die Opfer des faschistischen Terrors und Kampftag gegen Faschismus und imperialistischen Krieg
15. September	Tag der Werktätigen des Bereiches der haus- und kommunalwirtschaftlichen Dienstleistungen
1. Oktober	Weltmusiktag
13. Oktober	Tag der Seeverkehrswirtschaft
20. Oktober	Tag der Werktätigen der Leicht-, Lebensmittel- und Nahrungsgüterindustrie
10. November	Weltjugendtag
11. November	Tag des Chemiearbeiters
17. November	Internationaler Studententag
18. November	Tag des Metallurgen
1. Dezember	Tag der Grenztruppen der DDR
11. Dezember	Tag des Gesundheitswesens

VE Kombinat brillant Dresden   EVP 3,90   JK 66/89 III/28/4

Public Holidays 1990

January 1	New Year's Day
April 13	Good Friday
April 15	Easter Sunday
May 1	May Day: International Workers' Holiday
June 3	Whit Sunday
June 4	Whit Monday
October 7	GDR National Holiday
December 25	Christmas Day
December 26	Boxing Day

Commemoration Days 1990

February 11	Civil Defence Day
February 11	National Postal and Telecommunications Workers' Day
February 18	National Commerce Day
March 1	National People's Army Day
March 8	International Women's Day
March 21	International Struggle against Racial Discrimination Day
March 23	World Meteorology Day
March 27	World Theatre Day
April 7	World Health Day
April 8	National Metalworkers' Day
April 18	International Monuments Day
April 24	International Day of Young People and Students against Colonialism and for Peaceful Co-existence
May 8	World Red Cross Day
May 10	National Book Day
May 17	World Telecommunications Day
May 18	International Museum Day
June 1	National Youth Brigades Day
June 1	International Day of the Child
June 5	World Environment Day
June 10	National Railway and Transport Workers' Day
June 12	National Teachers' Day
June 16	National Waterworkers' Day
June 17	National Collective Farm Labourers' and Socialist Agricultural and Forestry Workers' Day
June 24	National Construction Workers' Day
July 1	German People's Police Day
July 1	National Mineworkers' and Power Workers' Day
September 1	World Peace Day
September 9	International Memorial Day for the Victims of Fascist Terror and Day of the Struggle against Fascism and Imperialist War
September 15	National Domestic and Community Services Workers' Day
October 1	World Music Day
October 13	National Merchant Marine Day
October 20	National Light Industry and Food Industry Workers' Day
November 10	World Youth Day
November 11	National Chemicals Workers' Day
November 17	International Students' Day
November 18	National Metallurgists' Day
December 1	GDR Frontier Guards' Day
December 11	National Health Service Day

Kalenderblatt mit
gesetzlichen Feiertagen
der DDR
Calendar leaf with GDR
public holidays
Feuille de calendrier
avec jours fériés de
la RDA

Fêtes légales en 1990

1er janvier	Nouvel An
13 avril	Vendredi-Saint
15 avril	Dimanche de Pâques
1er mai	Fête et journée de lutte internationale des travailleurs
3 juin	Dimanche de Pentecôte
4 juin	Lundi de Pentecôte
7 octobre	Fête nationale de la RDA
25 décembre	Noël
26 décembre	Noël

Journées commémoratives en 1990

11 février	Journée de la défense civile
11 février	Journée des travailleurs des postes et télécommunications
18 février	Journée des employés du commerce
1er mars	Journée de l'Armée populaire nationale
8 mars	Journée internationale des femmes
21 mars	Journée internationale pour la suppression de la discrimination raciale
23 mars	Journée mondiale de la météorologie
27 mars	Journée mondiale du théâtre
7 avril	Journée mondiale de la santé
8 avril	Journée des métallurgistes
18 avril	Journée internationale des monuments historiques
24 avril	Journée internationale de la jeunesse et des étudiants contre le colonialisme et pour la coexistence pacifique
8 mai	Journée mondiale de la Croix-Rouge
10 mai	Journée du livre libre (de la publication libre)
17 mai	Journée mondiale des télécommunications
18 mai	Journée internationale des musées
1er juin	Journée des brigades de la jeunesse
1er juin	Journée internationale de l'enfance
5 juin	Journée mondiale de l'environnement
10 juin	Journée des cheminots et des travailleurs du secteur des transports
12 juin	Journée des enseignants
16 juin	Journée des travailleurs du secteur économique des eaux
17 juin	Journée des paysans et travailleurs membres de coopératives socialistes d'agriculture et d'exploitation forestière
24 juin	Journée des travailleurs du bâtiment
1er juillet	Journée de la police populaire allemande
1er juillet	Journée des mineurs et des travailleurs du secteur économique de l'énergie
1er septembre	Journée mondiale de la paix
9 septembre	Journée commémorative internationale pour les victimes de la terreur fasciste et journée de lutte contre le fascisme et la guerre impérialiste
15 septembre	Journée des travailleurs des services relatifs aux activités domestiques et communales
1er octobre	Journée mondiale de la musique
13 octobre	Journée des transports maritimes
20 octobre	Journée des travailleurs de l'industrie légère et de l'industrie agro-alimentaire
10 novembre	Journée mondiale de la jeunesse
11 novembre	Journée des travailleurs de l'industrie chimique
17 novembre	Journée internationale des étudiants
18 novembre	Journée des travailleurs de l'industrie métallurgique
1er décembre	Journée des garde-frontière de la RDA
11 décembre	Journée de la santé

Politwimpel, sogenannte
»Winkelemente«
Code pennants, so-called
»waving-elements«
Fanions, appelés
»éléments de salut«

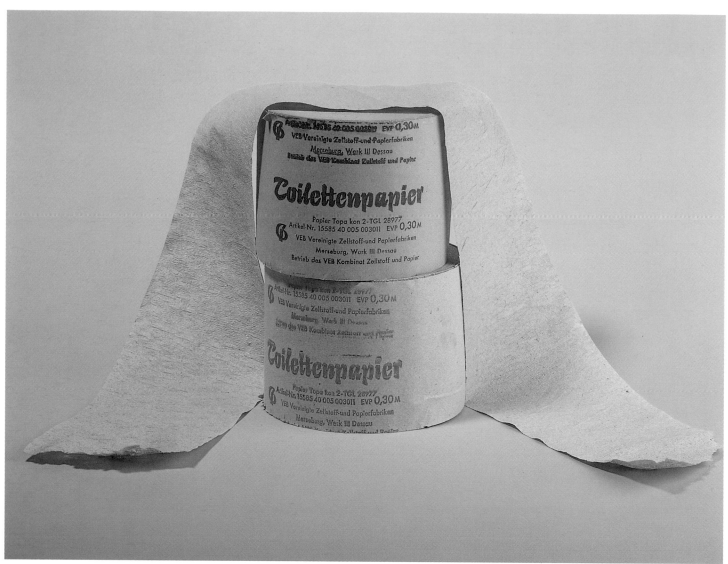

Toilettenpapier
Toilet paper
Papier hygiénique

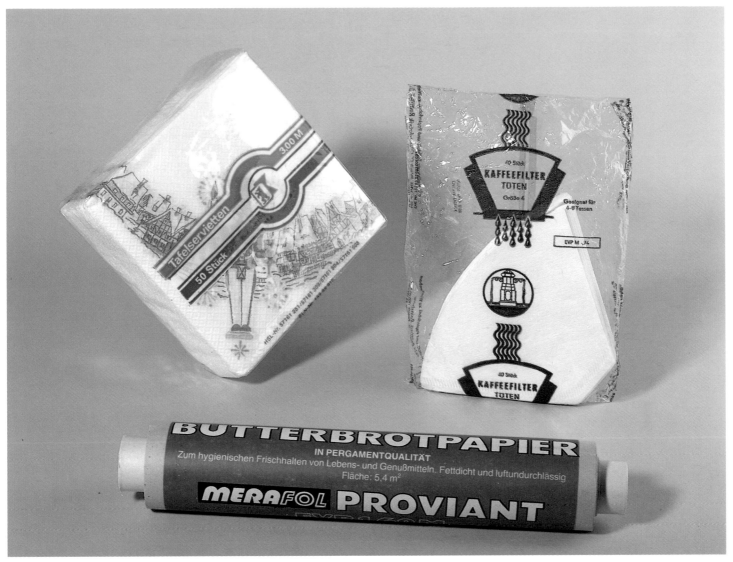

Servietten / Filtertüten / Butterbrotpapier
Napkins, coffee filters, greaseproof paper
Serviettes, filtres à café, papier d'emballage de sandwiches

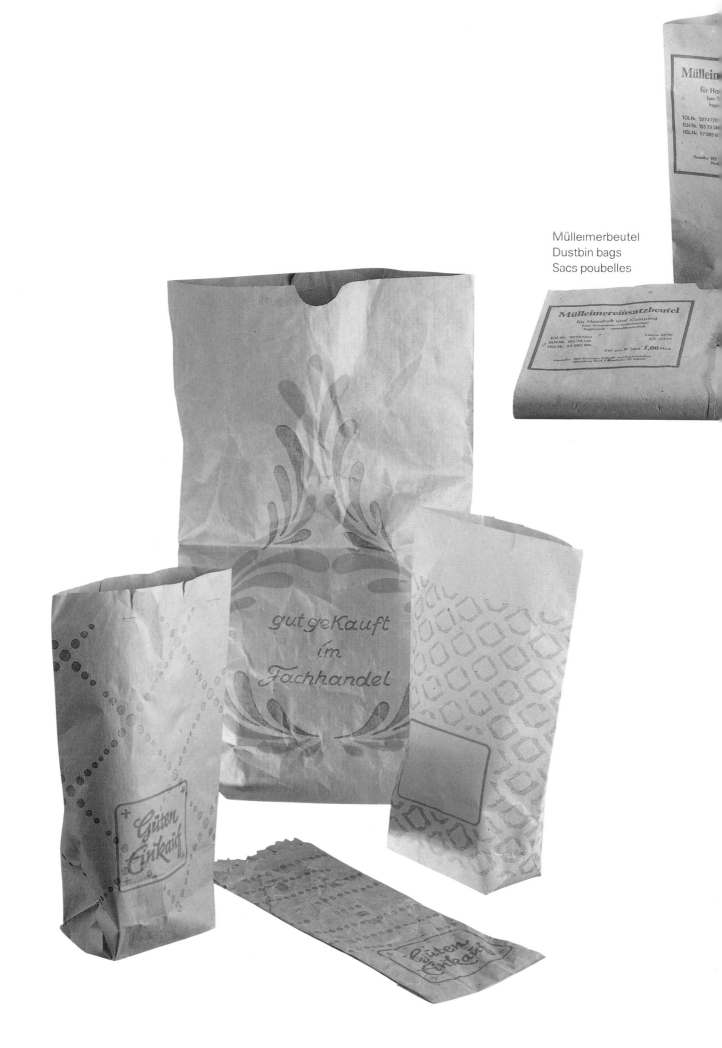

Mülleimerbeutel
Dustbin bags
Sacs poubelles

Einkaufstüten
Shopping bags
Sacs à provisions

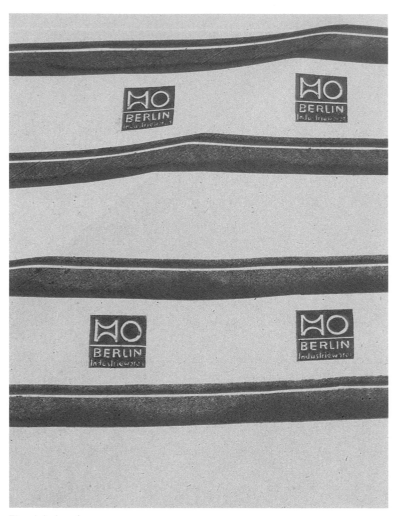

Einwickelpapier
Wrapping paper
Papier d'emballage

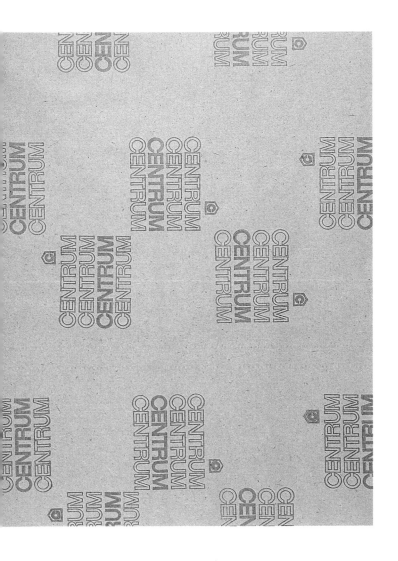

P.154 Einwickelpapier / Wrapping paper / Papier d'emballage
P.155 Krawatten / Ties / Cravates

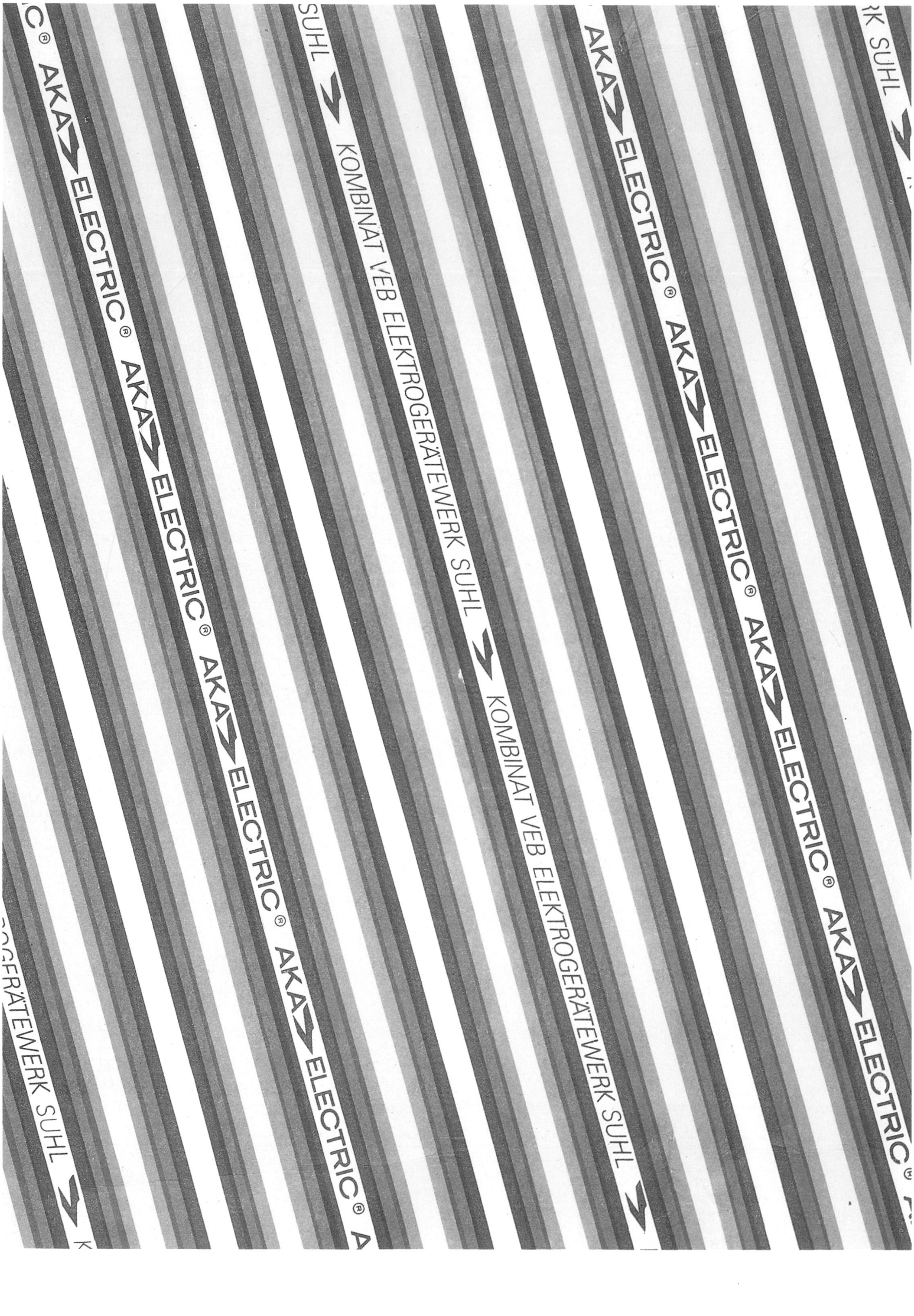
AKA ELECTRIC®
KOMBINAT VEB ELEKTROGERÄTEWERK SUHL

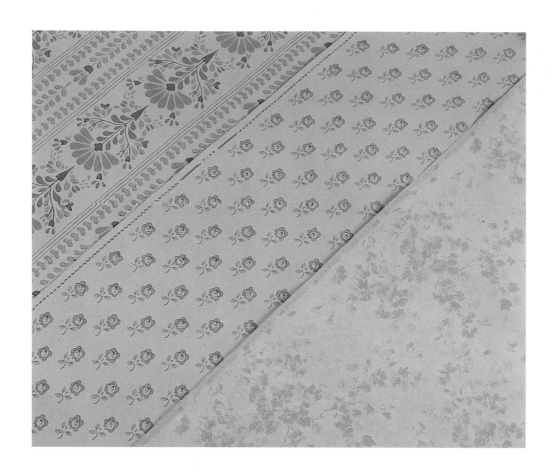

Tapeten / Wallpapers / Papiers peints

Stoffe / Material / Tissus

Spielemagazin
Set of games
Coffret de jeux

SPIELWAREN
TOYS
JOUETS

Mensch ärgere Dich nicht
Ludo
Jeu de petits chevaux

Wundertüten
Surprise packets
Pochettes surprise

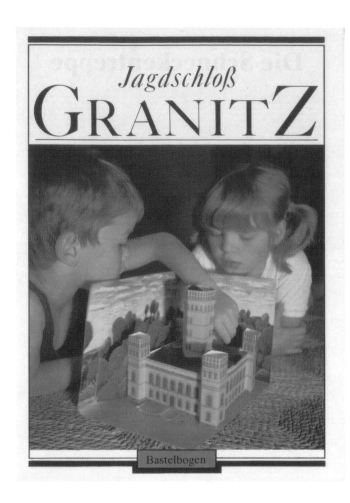

Bastelbogen
Cut-and-paste kit
Maquette de bricolage

Ausschneidebögen
Cut-outs
Maquettes à découper

JOSEPHINE

VEB Kleinpuppen Li...
Schlüssel-Nr. 182 3...
Artikel-Nr. 543100...
EVP 6,00 M

Puppenfamilie
Doll family
Famille de poupées

Spielzeugwaage
Toy scales
Balance miniature

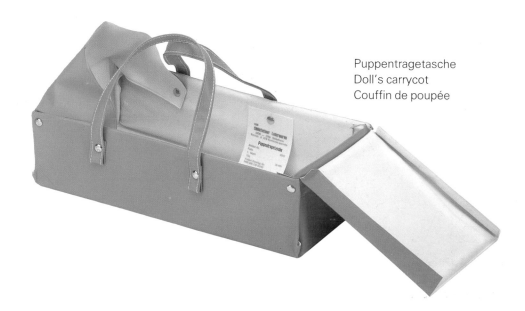

Puppentragetasche
Doll's carrycot
Couffin de poupée

Figuren einer Kinderfernsehsendung
Figures from a children's T.V. programme
Personnages d'une émission télévisée

Herr Fuchs
Mister Fox
Monsieur Renard

Sandmann
Sandman
Marchand de sable

Schnatterinchen

Frau Elster
Mrs. Magpie
Madame Pie

Pittiplatsch

Fußballmaskottchen
Football mascot
Mascotte de football

Plastikpuppen
Plastic dolls
Poupées en plastique

Spardosen
Money boxes
Tirelires

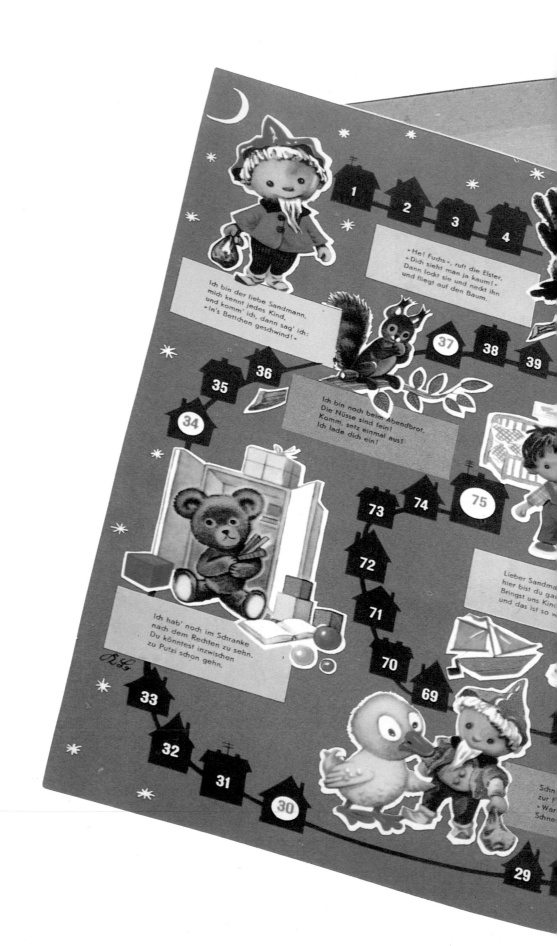

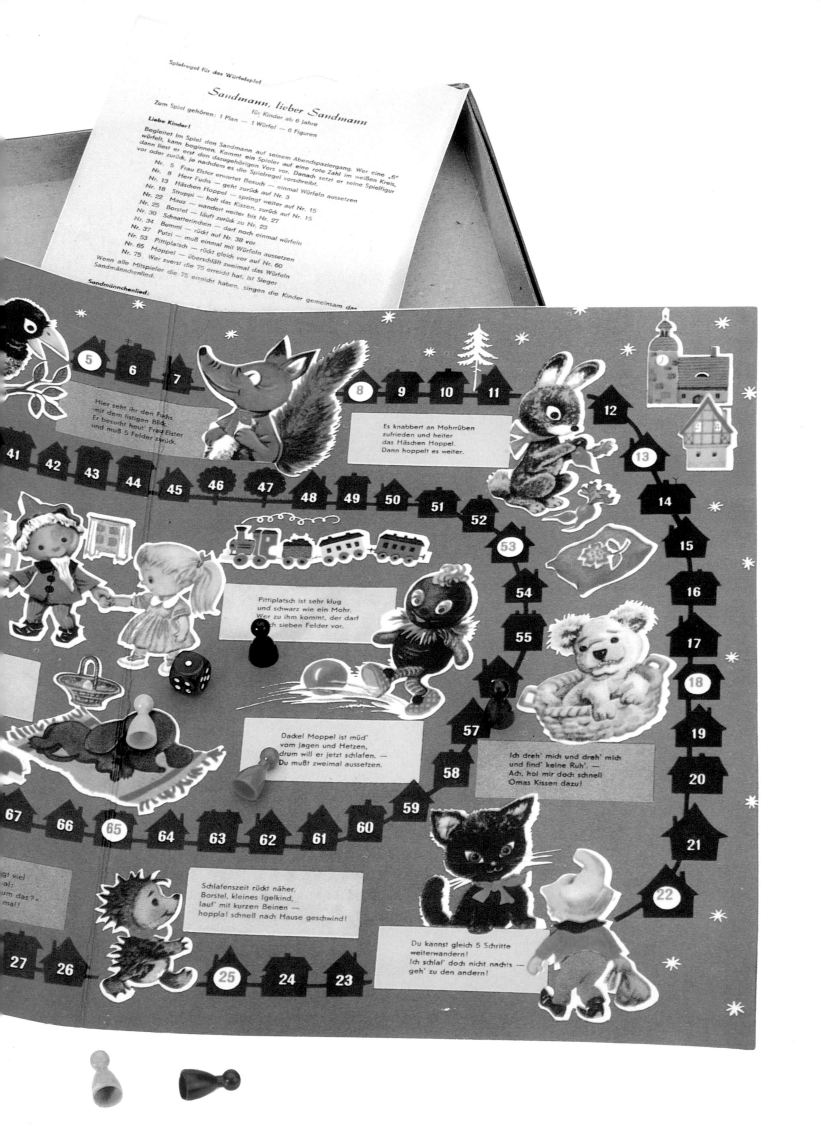

Spielregel für das Würfelspiel

Sandmann, lieber Sandmann
für Kinder ab 6 Jahre

Zum Spiel gehören: 1 Plan — 1 Würfel — 6 Figuren

Liebe Kinder!

Begleitet im Spiel den Sandmann auf seinem Abendspaziergang. Wer eine »6«
würfelt, kann beginnen. Kommt ein Spieler auf eine rote Zahl im weißen Kreis,
dann liest er erst den dazugehörigen Vers vor. Danach setzt er seine Spielfigur
vor oder zurück, je nachdem es die Spielregel vorschreibt.

Nr. 5 Frau Elster erwartet Besuch — einmal Würfeln aussetzen
Nr. 8 Herr Fuchs — geht zurück auf Nr. 15
Nr. 13 Häschen Hoppel — springt weiter auf Nr. 15
Nr. 18 Struppi — holt das Kissen, zurück auf Nr. 15
Nr. 22 Mauz — wandert weiter bis Nr. 27
Nr. 25 Borstel — läuft zurück zu Nr. 23
Nr. 30 Schnatterinchen — darf noch einmal würfeln
Nr. 34 Bummi — rückt auf 38 vor
Nr. 37 Putzi — muß einmal mit Würfeln aussetzen
Nr. 53 Pittiplatsch — rückt gleich vor auf Nr. 60
Nr. 65 Moppel — überschläft zweimal das Würfeln
Nr. 75 Wer zuerst die 75 erreicht hat, ist Sieger

Wenn alle Mitspieler die 75 erreicht haben, singen die Kinder gemeinsam das
Sandmännchenlied.

Sandmännchenlied:

Polizeiauto nach amerikanischem Modell
Police car after American model
Voiture de police de modèle américain

Der kleine GROSSBLOCK Baumeister

TYP 2

Le petit constructeur à grands éléments préfabriqués, type 2

Baukasten
Building blocks
Jeu de construction

Spielzeugautos im Einheitslook
Model car in standardised look
Voitures miniatures standardisées

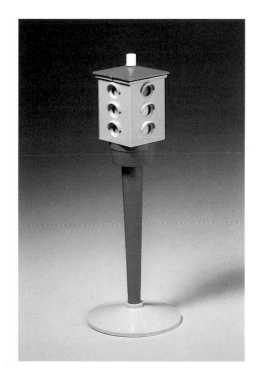

Ampel
Traffic light
Feu tricolore

Marginalien zur Geschichte des Designs in der DDR

Geschichtliche Daten des DDR-Designs. (Quelle: alle Jahrgänge *form und zweck*, alle Jahrgänge *form*, Hirdina und Design in der DDR).

1945 Leitung der Arbeitsgemeinschaft Formgebung unter Horst Michel.

1946 Offizielle Wiedereröffnung der Hochschule für Baukunst und Bildende Künste in Weimar.

1948 Mart Stam wird Rektor der Akademie der Künste und Hochschule für Werkkunst Dresden.

1950 Mart Stam wird Rektor der Hochschule für Angewandte Kunst Berlin (Ost).

1950 Unter Mart Stam wird in Berlin das Institut für Industrielle Gestaltung (IFIG) als Hochschuleinrichtung gegründet.

1952 Das Institut wird in »Institut für Angewandte Kunst« (Ifak) umbenannt und untersteht nicht mehr der Hochschule. (Bemerkenswert: der Schritt von »Industrielle Gestaltung« zu »Angewandte Kunst« im Titel.)

1952 Ifak veranstaltet »Industriewaren von heute«, ausgesucht aus »einem Meer von Kitsch«.

1953 Mart Stam geht nach Amsterdam.

1957 Zeitschrift *form* in der BRD.

1958 Zeitschrift *form und zweck* in der DDR. Zunächst Jahrbuch, ab 1964 Zeitschrift.

1961 Zentrale Arbeitsgemeinschaft Technische Formgestaltung.

1962 Anerkennung der äußeren Erscheinungsform als Qualität durch das ZK der SED.

1962 Rat für Industrieform.

1963 Zentralinstitut für Formgestaltung. Umbildung aus Zentralinstitut für Angewandte Kunst.

1964 Ende der Formalismusdebatte.

1964 Rehabilitierung des Bauhauses.

1964 Einbindung von Formgestaltung neben technologische, wissenschaftliche und ökonomische Aspekte in die Nomenklatur des Planes »Neue Technik«.

1964 Einführung der Ästhetischen Prüfpflicht für Produkte durch das Amt für

Marginalia in the History of East German Design

(Source: all back issues of the design magazines *form und zweck* and *form*. Hirdina and Design in the GDR)

1945 Horst Michel appointed as director of the Arbeitsgemeinschaft Formgebung (Design Collective).

1946 Official reopening of the Hochschule für Baukunst und Bildende Künste in Weimar (College of Architecture and Fine Arts).

1948 Mart Stam appointed as director of the Akademie der Künste (College of Applied Art) in East Berlin and of the Hochschule für Werkkunst (College of Applied Art).

1950 The Institut für Industrielle Gestaltung (IFIG) (Institute for Industrial Design) is founded and incorporated into the university.

1952 The Institute is renamed the Institut für Angewandte Kunst (IFAK) (Institute of Applied Art) and separated from the University. (The progression from "Industrial Design" to "Applied Art" is interesting.)

1952 Exhibition at IFAK entitled "Industrial Goods Today"; exhibits chosen from a "sea of kitsch".

1953 Mart Stam moves to Amsterdam.

1957 Magazine *form* launched in the FRG.

1958 Magazine *form und zweck* launched in the GDR. Initially an annual publication, then a regular magazine.

1961 Zentrale Arbeitsgemeinschaft Technische Formgestaltung (Central Collective of Technical Design) set up.

1962 Appearance is recognised as a criterion of quality by the SED Central Committee.

1962 Rat für Industrieform (Council for Industrial Design)

1963 Zentralinstitut für Formgestaltung (Central Institute for Design) formed from the reorganisation of the Zentralinstitut für Angewandte Kunst (Central Institute of Applied Art).

1964 End of the formalism debate.

1964 Rehabilitation of Bauhaus.

1964 Integration of design, as well as technological, scientific and economic aspects

Remarques sur l'histoire du design en RDA

Données historiques du design en RDA. (Source: toutes les années de *form und zweck*, toutes les années de *form*, Hirdina et le design en RDA).

1945 Groupe de travail sur le design sous la direction de Horst Michel.

1946 Réouverture officielle de l'Académie d'architecture et des arts plastiques à Weimar.

1948 Mart Stam devient recteur de l'Académie des beaux-arts et de l'Académie des arts appliqués à Berlin.

1950 Mart Stam devient recteur de l'Académie des arts appliqués à Berlin (Est).

1950 L'Institut de création industrielle (IFIG) fut fondé par Mart Stam à Berlin comme une partie de l'Académie.

1952 L'Institut est rebaptisé »Institut des arts appliqués« (Ifak) et ne dépend plus de l'Académie. (A noter: le pas franchi en choisissant le nom qui passe de »création industrielle« à »arts appliqués«.)

1952 L'Ifak organise l'exposition »Les produits industriels d'aujourd'hui«, sélectionnés parmi »une mer de kitsch«.

1953 Mart Stam part à Amsterdam.

1957 Revue *form* en RFA.

1958 Revue *form und zweck* en RDA. D'abord édition annuelle puis revue mensuelle à partir de 1964.

1961 Groupe central de travail sur le design technique.

1962 Reconnaissance de la forme extérieure comme une qualité par le Comité central du SED.

1962 Conseil créé pour la forme industrielle.

1963 Institut central du design. Transformation en Institut central des arts appliqués.

1964 Fin du débat sur le formalisme.

1964 Réhabilitation du Bauhaus.

1964 Intégration du design dans la nomenclature du plan »Nouvelle technique« en complément aux aspects technologiques, scientifiques et économiques.

1964 Contrôle esthétique obligatoire des produits par l'Office des mesures et du

Meßwesen und Warenprüfung.

1965 Das Zentralinstitut für Formgestaltung wird dem Deutschen Amt für Meßwesen und Warenprüfung unterstellt.

1965 Fernstudium an der Hochschule für Formgestaltung in Halle, Burg Giebichenstein.

1968 Über Aufsätze Rolf Garnichs fließen die Theorien des »exakten Designs« Max Benses in die DDR ein.

1972 Amt für Industrielle Formgestaltung als unmittelbare Konsequenz des VII. Parteitages der SED gegründet, Leiter: Dr. Martin Kelm.

1976 Bildung des Wissenschaftlich-Kulturellen Zentrums Bauhaus Dessau.

1977 »Funktionalismusdiskussion«.

1977 bis Ende der 70er Jahre werden Riesenkombinate mit 10 000 bis 30 000 Beschäftigten gegründet.

1978 Preis »GUTES DESIGN«

1978 Bei einem Wettbewerb für Laien an der Designschule Halle, Burg Giebichenstein, entstehen Radioentwürfe, die die Designentwicklung im Rahmen von Alchemia und Memphis geradezu vorwegnehmen.

1980 Städtebauseminar von Hannes Meyer im Bauhaus.

1981 »Bestandsaufnahme über Funktionalismus«

1983 Internationale Sommerseminare für Formgestalter am Bauhaus.

1983 VEB Design-Projekt Dresden (unterhält territoriale Gestaltungszentren in Berlin, Dresden, Gotha, Halle, Karl-Marx-Stadt und Magdeburg).

1984 Eröffnung des Bildungszentrums Bauhaus Dessau.

1985 Bruno Taut-Seminar.

1986 Wiederaufnahme der regelmäßigen Nutzung des Bauhauses für Seminare.

1987 Designzentrum der DDR im Amt für Industrielle Formgestaltung.

1988 Michael Blank sagt: »Mit Reglementieren kommt man nicht weiter.«

1989 Workshop von Designern des West-Berliner »Berliner Zimmer« gemeinsam mit DDR-Designern am Bauhaus Dessau.

1989 Bei einer Diskussion am 8. 12. 89 im Internationalen Design-Zentrum in

into the nomenclature of the "New Technology" plan.

1964 Introduction of a compulsory "aesthetic examination" of products by the State Office for Industrial Standards and Quality Control

1965 Zentralinstitut für Formgestaltung (Central Institute of Design) is placed under the control of the State Office for Industrial Standards and Quality Control.

1965 Correspondence courses of study offered by the Hochschule für Formgestaltung (College of Design) in Halle, Burg Giebichenstein.

1968 Max Bense's theories of "exact design" filter through into East Germany via articles by Rolf Garnich.

1972 Amt für industrielle Formgestaltung (State Office for Industrial Design) founded as a direct result of the 7th SED Party Assembly under the direction of Dr. Martin Kelm.

1976 The Wissenschaftlich-Kulturelles Zentrum Bauhaus (Bauhaus Scientific and Cultural Centre) set up in Dessau.

1977 Formalism debate revived.

1977 By the end of the 70s, vast industrial combines employing between 10,000 and 30,000 workers had been founded.

1978 The Good Design prize.

1978 Entries to an amateur competition at the Designschule in Halle, Burg Giebichenstein, included radio designs anticipating the design trends of Alchemia and Memphis.

1980 Seminar on urban architecture by Hannes Meyer in the Bauhaus.

1981 "The State of Functionalism"

1983 International summer seminars for designers are set up in the Bauhaus.

1983 VEB Design Project Dresden (state-run design project based in Dresden with regional design centres in Berlin, Dresden, Gotha, Halle, Karl Marx Stadt and Magdeburg).

1984 Opening of an Education Centre at the Bauhaus in Dessau

1985 Bruno Taut seminars commence.

1986 The Bauhaus is used regularly again for the holding of seminars.

1987 Setting up of East German Design Centre under the auspices of the State Of-

contrôle des marchandises.

1965 L'Institut central du design est subordonné à l'office allemand des mesures et du contrôle des marchandises.

1965 Possibilité d'études par correspondance à l'Académie du design à Halle, au château Giebichenstein.

1968 Les théories du »design exact« de Max Benses sont introduites en RDA par les essais de Rolf Garnich.

1972 Fondation de l'Office du design industriel sous la direction du Dr. Martin Kelm, à l'issue du VII. Congrès du parti du SED.

1976 Formation du Centre scientifique et culturel du Bauhaus à Dessau.

1977 »Controverse sur le fonctionnalisme«.

1977 Jusqu'à la fin des années 70: Création d'énormes combinats employant 10 000 à 30 000 personnes.

1978 Prix du BON DESIGN.

1978 A l'occasion d'un concours d'amateurs à l'école de design de Halle, au Burg Giebichenstein, sont réalisés des projets de radio qui anticipent l'évolution du design dans le cadre des groupes Alchemia et Memphis.

1980 Séminaire de construction urbaine dirigé par Hannes Meyer au Bauhaus.

1981 »Inventaire du fonctionnalisme«.

1983 Cours d'été internationaux pour les designers au Bauhaus.

1983 Le VEB »Design-Projekt« de Dresde entretient des centres territoriaux de design à Berlin, Dresde, Gotha, Halle, Karl-Marx-Stadt et Magdebourg.

1984 Inauguration du centre de formation du Bauhaus à Dessau.

1985 Séminaire animé par Bruno Taut.

1986 Réutilisation régulière du Bauhaus pour les séminaires.

1987 Le Centre de design de la RDA est intégré à l'Office du design industriel.

1988 Michael Blank déclare: »La réglementation ne mène à rien«.

1989 Workshop commun destiné aux designers du groupe de Berlin-Ouest »Berliner Zimmer« ainsi qu'aux designers est-allemands opérant au Bauhaus de Dessau.

1989 Lors d'une discussion tenue le 8. 12. 89 au Centre international du design à

West-Berlin »begrüßten Professoren und Studenten von Ost-Berliner Hochschulen besonders die Aussicht auf einen ständigen deutsch-deutschen Austausch von Gedanken, Erfahrungen und Planungen« (aus einer Pressemitteilung des IDZ).

fice for Industrial Design.
1988 Michael Blank states: "Rules and regulations achieve nothing".
1988 Workshop with designers from the West Berlin "Berliner Zimmer" group and East German designers at the Bauhaus in Dessau.
1989 During a discussion on 8th December at the International Design Centre in West Berlin, "professors and students from the East Berlin universities and colleges welcomed the prospect of an ongoing inner-German exchange of ideas, experience and plans". (From the IDZ press release).

Berlin-Ouest, des professeurs et étudiants des Académies de Berlin-Est »montrèrent un vif intérêt pour la perspective d'un échange inter-allemand permanent d'idées, d'expériences et de projets« (extrait d'un communiqué de presse de la revue IDZ).

Anmerkungen

Acknowledgements

Notes

(1) Bundespräsident Richard von Weizsäker am 14. 12. 89 im DDR Fernsehen, 1. Programm.
(2) Gregor Gysi gegenüber einem ZDF-Korrespondenten in »tagesthemen«, 8. 12. 1989.
(3) aus: »Der Zorn wird täglich größer«, in *Spiegel* Nr. 50. 11. 12. 1989, S. 35 f.
(4) Kelm, Martin
Produktgestaltung im Sozialismus, Berlin 1971, S. 70
(5) Kelm, a. a. O., S. 75
(6) Hirdina, Heinz
Gestalten für die Serie.
Design in der DDR 1949–1985, Dresden 1988.
(7) zit. nach: Leciejewski, Klaus
Planung vernichtet Leistungsanreize, *Frankfurter Rundschau* vom 8. 12. 1989, S. 8
(8) Die Theorie des Funktionalismus in Architektur und Design geht in den USA auf H. Greenough und L. Sullivan zurück, die in der Übereinstimmung von Gestalt und Aufgabe eines Bauwerkes seine Bestimmung sahen. Von Sullivan stammt der Leitsatz »form follows function« (1894), der seit der Jahrhundertwende in unterschiedlichsten Interpretationen immer wiedergekehrt ist. Vom Bauhaus (Hannes Meyer, Walter Gropius) als die ultima ratio des Gestaltens verstanden, wird der Funktionalis-

(1) President Richard von Weizsäcker of the Federal Republic of Germany on GDR Television Channel 1 on 14.12.89.
(2) Gregor Gysi in an interview with a correspondent from West German television Channel 2 (ZDF) news programme "Tagesthemen" on 8.12.1989.
(3) *Spiegel* Nr.50, 11.12.1989 p.35.
(4) Kelm, Martin: Produktgestalt im Sozialismus, Berlin, 1971, p.70. (Product Design in Socialism).
(5) ibid. p.70.
(6) Hirdina, Heinz: Gestalten für die Serie. Design in der DDR 1949-1985, Dresden 1988 (Design in Mass Production. The GDR 1949-85).
(7) Klaus Leciejewski in the *Frankfurter Rundschau*. 8.12.89, p.8.
(8) In the USA, the theory of functionalism can be traced back to H. Greenough and L. Sullivan. They defined it as the harmonisation of the design and the function of a building. The key phrase "form follows function" (1894), which has constantly reappeared in a variety of interpretations since the turn of the century, was coined by Sullivan. The Bauhaus movement (Hannes Meyer, Walter Gropius) regarded functionalism as the ultimate rationale of form. Today, it is seen rather as a regulating factor in the approach to design and considered as "dominant ergonomic (body-related) design" (Volker Fischer,1988) or

(1) Président de la République fédérale Richard von Weizsäcker le 14. 12. 89 à la télévision est-allemande, sur la 1ère chaîne.
(2) Gregor Gysi face à un correspondant de la chaîne ouest-allemande ZDF lors de l'émission »tagesthemen« le 8. 12. 1989.
(3) Extrait de l'article »Der Zorn wird täglich größer« (La colère monte de jour en jour) *Spiegel* n° 50. 11. 12. 1989, p. 35 et suiv.
(4) Kelm, Martin.
Produktgestaltung im Sozialismus (Le design des produits dans le système socialiste), Berlin 1971, p. 70.
(5) Kelm op. cit., p. 75.
(6) Hirdina, Heinz.
Gestalten für die Serie. Design in der DDR 1949–1985. (Créer pour la série. Le design en RDA de 1949 à 1985), Dresde 1988.
(7) cit. d'après Leciejewski, Klaus. Planung vernichtet Leistungsanreize (la planification détruit la motivation), *Frankfurter Rundschau* du 8. 12. 1989, p. 8.
(8) La théorie du fonctionnalisme en architecture et dans le design remonte aux USA à H. Greenough et L. Sullivan qui voyaient sa définition dans l'harmonie de la forme et de la fonction d'un édifice. C'est à Sullivan que l'on doit le principe de base »form follows function« (1894), lequel fut sans cesse repris depuis la fin du siècle dernier dans les interprétations les plus diverses. Compris par le Bauhaus (Hannes Meyer, Walter Gropius) comme le dernier moyen

mus heute eher als Regulativ der Entwurfshaltung, bei der Produktgestaltung im Sinne eines »dominant ergonomischen [körperbezogenen] Designs« (Volker Fischer, 1988) oder gar als bereits vergangener »Stil« betrachtet.

(9) Manuskript Staatsarchiv Dresden. Verwaltung für Kunstangelegenheiten, Nr. 159, zit. nach: Hirdina, a. a. O., S. 16

(10) zit. nach: Köster, Hein

Stationen und Positionen, in:

Design in der DDR, Hrsg. vom Amt für Industrielle Formgestaltung, Berlin (Ost) 1988, S. 23

(11) zit. nach: Hirdina, a. a. O., S. 40

(12) Die gegenwärtige Lage und die Aufgaben der sozialistischen Einheitspartei, in: Dokumente der Sozialistischen Einheitspartei Deutschlands: Beschlüsse und Erklärungen des Parteivorstandes des Zentralkomitees sowie seines Politbüros und seines Sekretariats. Bd. III., Berlin (Ost) 1952, S. 118

(13) ibid.

(14) Deutsches Kunsthandwerk 1956. Veröffentlichung des Instituts für angewandte Kunst. Dresden 1956, S. 10

(15) Hirdina, a. a. O., S. 39

(16) Köster, a. a. O., S. 23

(17) zit. nach: Hirdina, a. a. O., S. 39

(18) aus: *Märkische Volksstimme*, Nr. 1. 1953

(19) Hirdina, a. a. O., S. 39

(20) Hirdina, a. a. O., S. 39

(21) Girnus, Wilhelm

Wo stehen die Feinde der deutschen Kunst?, in: Neues Deutschland, 13. und 18. 2. 1951

(22) Loos, Adolf

Ornament und Verbrechen, in:

Adolf Loos, Sämtliche Schriften, Bd. 1. Hrsg. von Franz Glück, Wien/München 1962

(23) Hirdina, a. a. O., S. 45

(24) Hillnhagen, Gerhard

Anbau-, Aufbau-, Baukasten- und Montagemöbel, Berlin 1955, S. 18

(25) Wolfe, Tom

Mit dem Bauhaus leben, Frankfurt, 1984, S. 69 f.

(26) Hirdina, a. a. O., S. 51

(27) *form* 28, 1964, S. 71

---

simply viewed as passé.

(9) Manuscript in the Dresden National Archive. cf. Hirdina, p. 16.

(10) Köster, Hein: "Stationen and Positionen" from Design in der DDR. (Design in the GDR) Published by the State Office for Industrial Design. East Berlin, 1988, p. 23.

(11) Hirdina, p. 40.

(12) "The Present Situation and the Challenges Facing the SED" from: Documents of the SED: Resolutions and Declarations of the Party Leadership of the Central Committee, the Politburo and its Secretariat. Vol. 3. East Berlin, 1952, p. 118.

(13) ibid.

(14) Deutsches Kunsthandwerk (German Handicraft and Art) 1956. Published by the Institute of Applied Art. Dresden, 1956, p. 10.

(15) Hirdina, p. 39.

(16) Köster, p. 23.

(17) Quoted by Hirdina, ibid. P. 39.

(18) *Märkische Volksstimme* No. 1, 1953.

(19) Hirdina, p. 39.

(20) Hirdina, p. 39.

(21) Girnus, Wilhelm: "Where are the Enemies of German Art?" in Neues Deutschland 13.2.51 and 18.2.51.

(22) Loos, Adolf: Ornamentation and Crime. In: Adolf Loos, Collected Writings. Vol. 1. Published by Franz Glück. Vienna/Munich, 1962.

(23) Hirdina, p. 45.

(24) Hillnhagen, Gerhard. Anbau-, Aufbau, Baukasten- und Montagemöbel, (Modular Furniture) Berlin, 1955, p. 18.

(25) Wolfe Tom. Mit dem Bauhaus leben. (From Bauhaus to Our House). Frankfurt, 1984, p. 69.f.

(26) Hirdina, p. 51.

(27) *form* No. 28, 1964, p. 71.

(28) *form und zweck* No. 265, p. 7.

(29) Hirdina, p. 53.

(30) ibid.

(31) Kelm, p. 81.

(32) *form und zweck* No. 5. 1973, pp. 13f.

(33) ibid.

(34) Hirdina, p. 60.

(35) ibid.

(36) Mendini, Alessandro, in the Marlboro Catalogue 1990.

(37) D.R. Greenwood: Modern Design in

---

de la création, le fonctionnalisme est plutôt considéré aujourd'hui comme régulateur de l'attitude face au design et spécialement dans le cas de la création de produits, dans le sens d'un »design essentiellement ergonomique « (Volker Fischer, 1988). Mais en outre, il est déjà aussi tenu pour un »style« du passé.

(9) Manuscrit des Archives d'Etat de Dresde. Administration des affaires artistiques, n° 159, Hirdina, op. cit., p. 16.

(10) cit. d'après: Köster, Hein. Stations et positions dans: Design in der DDR (Le design en RDA), édité par l'Office du design industriel, Berlin (Est) 1988, p. 23.

(11) cit. d'après Hirdina, op. cit., p. 40.

(12) la situation actuelle et les tâches du Parti Socialiste Unifié (SED), dans:.

Documents du Parti Socialiste Unifié de l'Allemagne: décisions et déclarations du comité directeur du comité central ainsi que de son bureau politique et de son secrétariat, vol. III, Berlin (Est), 1952, p. 118.

(13) ibid.

(14) Deutsches Kunsthandwerk 1956 (L'artisanat allemand), Publication de l'Institut des arts appliqués, Dresde, 1956, p. 10.

(15) Hirdina, op. cit., p. 39.

(16) Köster, op. cit., p. 23.

(17) cit. d'après Hirdina, op. cit., p. 39.

(18) *Märkische Volksstimme*, n° 1, 1953.

(19) Hirdina, op. cit., p. 39.

(20) Hirdina, op. cit., p. 39.

(21) Girnus, Wilhelm.

Wo stehen die Feinde der deutschen Kunst? (Où sont les ennemis de l'art allemand?), dans Neues Deutschland (La Nouvelle Allemagne) les 13 et 18. 2. 1951.

(22) Loos, Adolf.

Ornement et crimes dans: Adolf Loos, Œuvres intégrales vol. 1, éditées par Franz Glück, Vienne/Munich 1962.

(23) Hirdina, op. cit., p. 45.

(24) Hillnhagen, Gerhard.

Anbau-, Aufbau-, Baukasten- und Montagemöbel (Meubles à éléments d'assemblage), Berlin 1955, p. 18.

(25) Wolfe, Tom.

Mit dem Bauhaus leben (Vivre avec le Bauhaus), Francfort, 1984, p. 69 suiv.

(26) Hirdina, op. cit., p. 51.

(27) *form* 28, 1964, p. 71.

(28) *form und zweck* 2, 65, S. 7

(29) Hirdina, a. a. O., S. 53

(30) ibid.

(31) Kelm, Martin
Produktgestaltung im Sozialismus, Berlin (Ost) 1971, S. 81

(32) *form und zweck* 5, 73, S. 13 f.

(33) ibid.

(34) Hirdina, a. a. O., S. 60

(35) ibid.

(36) Mendini, Alessandro
im Marlboro-Katalog 1000

(37) D. R. Greenwood
Modern design in Plastics, London 1983, S. 7

(38) Michel, Horst
Beispiele plastgerechter Gestaltung, in: Plaste und Kautschuk. Berlin 1959, S. 192

(39) Hirdina, a. a. O., S. 126

(40) Raum, Hermann
Maschinen für die Kunstausstellung in: *Ostseezeitung,* 18. 11. 1962

(41) Hirdina, a. a. O., S. 131

(42) *form* 46, 1969, S. 51

(43) *form und zweck* 3, 1975, S. 12

(44) Hirdina, a. a. O., S. 155

(45) Oelke, Horst
Visualisierung als Aufgabe funktionaler Gestaltungsweise, in: *form + zweck* 6, 82, S. 36

(46) Matthias Dietz
am 10. 10. 1989 gegenüber der Redakteurin des Südwestfunks Baden-Baden Christine Albus

(47) Lucie-Smith, Edward
A History of Industrial Design, Oxford 1983, S. 219 f.

(48) *form und zweck* 2, 65, S. 7 ff.

(49) Loewy, Reymond
Häßlichkeit verkauft sich schlecht, Düsseldorf 1953

(50) Galbraith, J. K.
Gesellschaft im Überfluß, München 1959, S. 127

(51) Bartsch, a. a. O., S. 9

(52) ibid.

(53) Grün, Hartmut
am 27. 8. 89 in der Galerie Habernoll, Dreieich-Götzenhain.

(54) *form* 123, 1988, S. 103

Plastics, London, 1983, p. 7.

(38) Michel, Horst: Beispiele Plastgerechte Gestaltung (Designing in Plastic). From Plaste und Kautschuk (Plastic and Rubber) Berlin (1959), p. 192.

(39) Hirdina, p. 126.

(40) Raum, Hermann: in: *Ostseezeitung* 18.11.1962.

(41) Hirdina, p. 131.

(42) *form* No. 46, 1969, p. 51.

(43) *form und zweck* No. 3, 1975, p. 12.

(44) Hirdina, p. 155.

(45) Oelke, Horst: 'Visualisation as a Challenge of Functional Design', in: *form und zweck* No. 6, 1982, p. 36.

(46) Matthias Dietz in conversation with Christine Abus, a correspondent from the regional West German radio station SWF, in Baden Baden on 10.10.1989.

(47) Lucie-Smith, Edward: A History of Industrial Design. Oxford, 1983, p. 219 f.

(48) *form und zweck* No 2, 1965, pp. 7 ff.

(49) Loewy, Reymond: Hässlichkeit verkauft sich nicht (Ugliness Doesn't Sell). Düsseldorf, 1953.

(50) Galbraith, J.K.: Gesellschaft im Überfluß (The Affluent Society). Munich p. 127.

(51) Bartsch ibid. p. 9

(52) Ibid.

(53) Grün, Hartmut on 27.8.1989 at the Galerie Habernoll, Dreieich-Götzenhain.

(54) *form* No. 123, 1988, p. 103.

(28) *form und zweck* 2, 65, p. 7.

(29) Hirdina, op. cit., p. 53.

(30) ibid.

(31) Kelm, Martin.
Produktgestaltung im Sozialismus (Le design des produits dans le système socialiste), Berlin (Est) 1971, p. 81.

(32) *form und zweck* 5, 73, p. 13 et suiv.

(33) ibid.

(34) Hirdina, op. cit., p. 60.

(35) ibid.

(36) Mendini, Alessandro.
Dans le catalogue Marlboro 1990.

(37) D. R. Greenwood. Modern Design in Plastics, Londres, 1983, p. 7.

(38) Michel, Horst.
Beispiele plastgerechter Gestaltung (Exemples de design adapté au plast), dans: Plasts et caoutchouc, Berlin 6 (1959) 4, p. 192.

(39) Hirdina, op. cit., p. 126.

(40) Raum, Hermann.
Maschinen für die Kunstausstellung? (Des machines pour l'exposition d'art?), dans: *Ostseezeitung* du 18. 11. 1962.

(41) Hirdina, op. cit., p. 131.

(42) *form* 46, 1969, p. 51.

(43) *form und zweck*, 3, 1975, p. 12.

(44) Hirdina, op. cit., p. 155.

(45) Oelke, Horst.
Visualisierung als Aufgabe funktionaler Gestaltungsweise (La visualisation comme mission du design fonctionnel), dans: *form und zweck* 6, 82, p. 36.

(46) Matthias Dietz. Le 10. 10. 1989 face à la rédactrice de la station de radio SWF de Baden-Baden, Christine Albus.

(47) Lucie-Smith, Edward.
A History of Industrial Design, Oxford 1983, p. 219 et suiv.

(48) *form und zweck* 2, 65, p. 7 et suiv.

(49) Loewy, Reymond.
Häßlichkeit verkauft sich schlecht (La laideur se vend mal), Düsseldorf 1953.

(50) Galbraith, J. K.
Gesellschaft im Überfluß (La société de surabondance), Munich 1959, p. 127.

(51) Bartsch, op. cit. p. 9.

(52) ibid.

(53) Grün, Hartmut. Le 27. 8. 89 à la Galerie Habernoll à Dreieich-Götzenhain.

(54) *form* 123, 1988, p. 103.